Wörterbuch

W0472277

Das musst du wissen

Das ist die **ABC-Schiene**
Das sind **Kopfwörter**
Das ist der **Randbuchstabe**

Sie alle helfen dir, dass du dich im Wörterbuch rasch zurechtfindest

Grau gedruckt sind Präteritumsformen (Vergangenheit)

Unten auf jeder Seite hat es freie Zeilen, auf denen du weitere Wörter hinschreiben kannst!

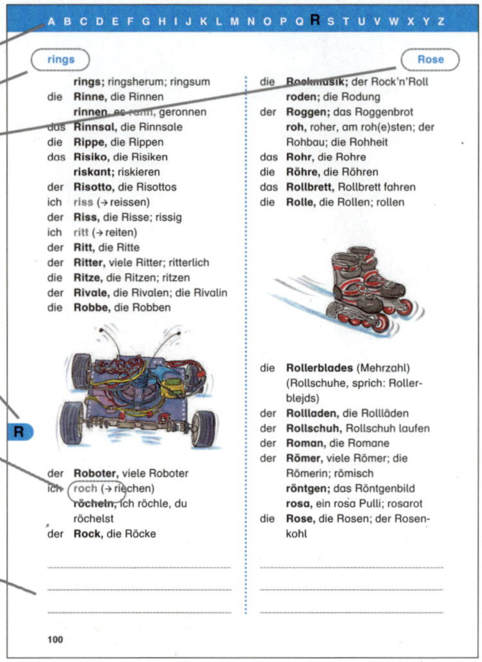

A B C D E F G H I J K L M N O P Q **R** S T U V W X Y Z

rings — Rose

	rings; ringsherum; ringsum
die	**Rinne,** die Rinnen
	rinnen, es rann, geronnen
das	**Rinnsal,** die Rinnsale
die	**Rippe,** die Rippen
das	**Risiko,** die Risiken
	riskant; riskieren
der	**Risotto,** die Risottos
ich	riss (→ reissen)
der	**Riss,** die Risse; rissig
ich	ritt (→ reiten)
der	**Ritt,** die Ritte
der	**Ritter,** viele Ritter; ritterlich
die	**Ritze,** die Ritzen; ritzen
der	**Rivale,** die Rivalen; die Rivalin
die	**Robbe,** die Robben
der	**Roboter,** viele Roboter
ich	roch (→ riechen)
	röcheln, ich röchle, du röchelst
der	**Rock,** die Röcke
die	**Rockmusik;** der Rock'n'Roll
	roden; die Rodung
der	**Roggen;** das Roggenbrot
	roh, roher, am roh(e)sten; der Rohbau; die Rohheit
das	**Rohr,** die Rohre
die	**Röhre,** die Röhren
das	**Rollbrett,** Rollbrett fahren
die	**Rolle,** die Rollen; rollen
die	**Rollerblades** (Mehrzahl) (Rollschuhe, sprich: Rollerblejds)
der	**Rollladen,** die Rollläden
der	**Rollschuh,** Rollschuh laufen
der	**Roman,** die Romane
der	**Römer,** viele Römer; die Römerin; römisch
	röntgen; das Röntgenbild
	rosa, ein rosa Pulli; rosarot
die	**Rose,** die Rosen; der Rosenkohl

R

100

Wörter finden – so funktioniert es

Diese Schritte musst du machen

Ein Beispiel: Du willst wissen, wie man das Wort «**gehören**» schreibt

1. Mit welchem Buchstaben fängt dein Wort an?
   → «gehören» fängt mit **g** an.
2. Suche im Wörterbuch die Seiten, wo dieser Buchstabe am Rand steht und in der ABC-Schiene hervorgehoben ist.
   → Das sind die **g-Seiten,** ab Seite 43 im Wörterbuch.
3. Schau den zweiten und dritten Buchstaben deines Worts an. Blättere und überlege, zwischen welchen Kopfwörtern das Wort stehen muss.
   → «**geh**...». Das Wort ist bei den «ge-»-Wörtern. «gehören» muss auf Seite 45 stehen, zwischen den Kopfwörtern «Gefährt» und «Geiz».
4. Suche auf dieser Seite dein Wort. Achte dabei auf den dritten, vierten oder fünften Buchstaben.
   → «gehören» steht nach «gehorchen» und vor «gehorsam». Man schreibt es ohne **h** nach dem ö!

A

der **Aal** (Fisch), die Aale
die **Aare** (Fluss)
der **Aargau**
das **Aas** (Tierleiche), die Aase
ab, ab und zu
abbiegen
abbilden; die Abbildung
abblenden; das Abblendlicht
abbrechen
abbröckeln
der **Abbruch;** das Abbruchhaus
das **Abc**
der **Abend,** die Abende, am Abend; heute Abend; das Abendessen; abendlich; abends
das **Abenteuer,** viele Abenteuer; abenteuerlich
aber
der **Aberglaube;** abergläubisch
abfahren; die Abfahrt
der **Abfall,** die Abfälle; der Abfalleimer; der Abfallsack
abfliessen; der Abfluss
die **Abfuhr**
das **Abgas,** die Abgase
abgewöhnen
der **Abgrund,** die Abgründe
abhängen; abhängig sein
abholen
abkühlen; die Abkühlung
abkürzen; die Abkürzung
ablehnen; die Ablehnung
ablenken; die Ablenkung
das **Abonnement,** die Abonnemente (oder Abonnements)
abonnieren
abräumen
die **Abreise;** abreisen
abreissen, du reisst ein Blatt ab
abscheulich

der **Abschied**
abschleppen
abschliessen; der Abschluss
abschneiden; der Abschnitt
abschreiben; die Abschrift
abseits
absenden; der Absender; die Absenderin

die **Absicht,** die Absichten; absichtlich
absolut
absolvieren (erledigen, durchlaufen)
abstammen; die Abstammung
der **Abstand,** die Abstände
abstauben
der **Abstecher**
abstimmen; die Abstimmung
abstossen; abstossend
der **Absturz;** abstürzen
absurd (unsinnig)
der **Abt,** die Äbte
das **Abteil,** die Abteile
die **Äbtissin,** die Äbtissinnen
abtrocknen

der **Abwart,** die Abwarte; die Abwartin
abwärts
abwaschen; die Abwaschmaschine

abwechseln; die Abwechslung; abwechslungsweise
die **Abwehr;** abwehren
abwesend; die Abwesenheit
das **Abzeichen,** viele Abzeichen
ach, ach so!
die **Achse,** die Achsen
die **Achsel,** die Achseln; die Achselhöhle
acht, es ist halb acht
die **Achterbahn**
achtgeben (oder Acht geben), gib acht! (oder gib Acht!)
die **Achtung**
achtzehn; achtzig
ächzen, du ächzt
der **Acker,** die Äcker; ackern
der **Adel;** ad(e)lig
die **Ader,** die Adern
adieu, adieu sagen
das **Adjektiv** (Artwort, Wiewort), die Adjektive
der **Adler,** viele Adler
adlig; der oder die Adlige
adoptieren; die Adoption
die **Adresse,** die Adressen; adressieren
der **Advent;** der Adventskranz
der **Affe,** die Affen
Afrika; der Afrikaner; die Afrikanerin; afrikanisch

die **Aggression** (Feindseligkeit); aggressiv (streitsüchtig)
ahnen (vermuten)
der **Ahn,** die Ahnen (Vorfahren)
ähnlich; die Ähnlichkeit
die **Ahnung;** ahnungslos
der **Ahorn** (Baum), die Ahorne
die **Ähre,** die Ähren
Aids; aidskrank; der oder die Aidskranke
das **Akkordeon**, die Akkordeons
der **Akrobat,** die Akrobaten; die Akrobatin; akrobatisch
aktiv (tätig); die Aktivität
die **Aktualität,** die Aktualitäten
aktuell (jetzt wichtig)
der **Alarm,** die Alarme; alarmieren
der **Albaner;** die Albanerin; Albanien; albanisch
das **Album,** die Alben
der **Alemanne,** die Alemannen; die Alemannin; alemannisch
die **Alge,** die Algen
der **Alkohol;** alkoholfrei; der Alkoholiker; die Alkoholikerin
all, alle
Allah (Gott im Islam)
die **Allee,** die Alleen
allein; allein stehend
allerbeste, am allerbesten
allerdings
allererste
die **Allergie;** allergisch
allerlei
allerletzte, am allerletzten
alles, alles Gute, vor allem
allgemein, im Allgemeinen
alljährlich
allmählich
der **Alltag;** alltäglich; alltags
die **Alp,** die Alpen
das **Alphabet** (sprich: Alfabeet), alphabetisch
als
also
alt, älter, am ältesten
der **Altar,** die Altäre

das **Alter;** altern; das Altersheim
die **Alufolie;** das Aluminium; die Aluminiumsammlung
am (an dem), am Fluss, ich bin am Schreiben, am besten

der **Amboss,** die Ambosse
die **Ambulanz** (Krankenwagen)
die **Ameise,** die Ameisen; der Ameisenhaufen
Amerika; der Amerikaner; die Amerikanerin; amerikanisch
die **Ampel,** die Ampeln
die **Amsel,** die Amseln
das **Amt,** die Ämter; amtlich
amüsant; sich amüsieren
an, es steht an der Tafel, ich schreibe etwas an die Tafel
die **Ananas,** viele Ananas
anbieten
der **Anblick;** anblicken
die **Andacht;** andächtig
das **Andenken,** viele Andenken
andere, der (die, das) andere, ein anderer, eine andere, etwas anderes, die anderen

ändern
anders, jemand anders
die **Änderung,** die Änderungen
aneinander
anerkennen, ich **erkannte an** (oder **anerkannte**), anerkannt; die Anerkennung
der **Anfall,** die Anfälle; anfällig
der **Anfang,** die Anfänge
anfangen; der Anfänger; die Anfängerin
anfänglich; anfangs
anfassen
anfeuern
anführen; der Anführer; die Anführerin
das **Anführungszeichen**
angeben; der Angeber; die Angeberin
die **Angehörigen** (Mehrzahl)
die **Angel;** angeln; die Angelrute
angenehm
angestellt; der oder die Angestellte
angreifen; der Angriff
die **Angst,** die Ängste, ich habe Angst; das macht mir Angst
ängstigen
ängstlich; die Ängstlichkeit
die **Anhöhe,** die Anhöhen
der **Anker,** viele Anker; ankern

ankommen; die Ankunft
der **Anlass,** die Anlässe
anmelden; die Anmeldung
die **Annahme;** annehmen
anonym (ohne den Namen zu nennen); die Anonymität
anrempeln (anstossen)
der **Anruf,** die Anrufe; anrufen
ans (an das), ans Ufer
ansagen; der Ansager; die Ansagerin
ansässig (wohnhaft)
anschaffen (kaufen)
anscheinend
ansehen; ansehnlich
die **Ansicht;** die Ansichtskarte
der **Anspruch,** die Ansprüche; anspruchslos; anspruchsvoll
der **Anstand;** anständig
anstarren
anstatt, anstatt des Apfels, anstatt dass du gehst
anstecken; ansteckend; die Ansteckung
anstellen; die Anstellung
anstrengen; sich anstrengen; anstrengend; die Anstrengung
die **Antenne,** die Antennen
antik
das **Antiquariat;** antiquarisch
die **Antiquität,** die Antiquitäten

die **Antwort,** die Antworten; antworten
der **Anwalt,** die Anwälte; die Anwältin
anwesend; die Anwesenheit
die **Anzahl**
die **Anzeige,** die Anzeigen
anziehen
der **Anzug,** die Anzüge
anzünden
der **Apfel,** die Äpfel
die **Apotheke,** die Apotheken; der Apotheker; die Apothekerin
der **Apparat,** die Apparate
Appenzell Ausserrhoden und Innerrhoden
der **Appetit;** appetitlich
applaudieren; der Applaus
die **Aprikose,** die Aprikosen
der **April;** das Aprilwetter

das **Aquarium,** die Aquarien

die **Arbeit,** die Arbeiten; arbeiten
der **Arbeiter,** viele Arbeiter; die Arbeiterin
arbeitslos; der oder die Arbeitslose
der **Architekt,** die Architekten; die Architektin
die **Are** (a), drei Aren
der **Ärger;** ärgerlich; ärgern
das **Argument,** die Argumente; argumentieren
der **Argwohn;** argwöhnisch
arm, ärmer, am ärmsten
der **Arm,** beide Arme; das Armband; die Armbanduhr
die **Armee,** die Armeen
der **Ärmel,** beide Ärmel
ärmlich; armselig

die **Armut**
das **Aroma,** die Aromen (oder Aromas); aromatisch

die **Art,** die Arten
der **Artikel,** viele Artikel
der **Artist,** die Artisten; die Artistin
das **Artwort** (Adjektiv), die Artwörter
die **Arznei,** die Arzneien
der **Arzt,** die Ärzte; die Ärztin; ärztlich
die **Asche;** der Aschenbecher
der **Asiat;** die Asiatin; asiatisch; Asien
der **Asphalt;** asphaltieren
ich **ass** (→ essen)
der **Assistent,** die Assistenten; die Assistentin
der **Ast,** die Äste
die **Aster** (Blume), die Astern
der **Astronaut,** die Astronauten; die Astronautin
das **Asyl** (Zufluchtsort); der Asylbewerber; die Asylbewerberin
der **Atem;** atemlos
der **Atlantik,** der Atlantische Ozean
der **Atlas,** die Atlasse (oder Atlanten)
atmen
die **Atmosphäre** (sprich: Atmosfäre)
das **Atom,** die Atome; das Atomkraftwerk

das **Attentat** (Mordanschlag), die Attentate; der Attentäter; die Attentäterin
die **Attraktion,** die Attraktionen; attraktiv
ätzen; ätzend
die **Aubergine** (Gemüse; sprich: Oberschine), die Auberginen
auch
auf, es liegt auf dem Tisch, ich lege es auf den Tisch, auf einmal, auf Wiedersehen
aufbewahren
aufdringlich
aufeinander
der **Aufenthalt,** die Aufenthalte
die **Auffahrt**
auffallen; auffallend; auffällig
auffordern; die Aufforderung
die **Aufgabe,** die Aufgaben
aufgehen
aufgestellt
aufgetakelt
aufhängen
aufheben
aufhören, hör auf!
aufmerksam; die Aufmerksamkeit
die **Aufnahme;** aufnehmen
aufpassen
aufräumen
aufregen; die Aufregung
aufs (auf das), aufs Neue
der **Aufsatz,** die Aufsätze
aufschieben
aufschneiden; der Aufschnitt
das **Aufsehen;** aufsehenerregend (oder Aufsehen erregend)
die **Aufsicht**
aufstehen
der **Auftrag,** die Aufträge
aufwachen
aufwärts
aufwecken
das **Auge,** die Augen
der **Augenblick;** augenblicklich
die **Augenbraue**, die Augenbrauen
das **Augenlid,** die Augenlider
der **August**
aus, aus dem Haus
ausbessern
die **Ausdauer;** ausdauernd
der **Ausdruck,** die Ausdrücke; ausdrücken; ausdrücklich
auseinander
ausflippen
der **Ausflug,** die Ausflüge
ausführlich
der **Ausgang,** die Ausgänge
ausgehen
ausgeflippt
ausgezeichnet

ausgiebig
ausgiessen
die Auskunft, die Auskünfte
das Ausland
der Ausländer, viele Ausländer; die Ausländerin; ausländisch
ausleeren, du leerst eine Flasche Sirup aus
ausleihen
die Ausnahme, die Ausnahmen; ausnahmsweise
der Auspuff, die Auspuffe
ausrasten
die Ausrede, die Ausreden
ausreissen; der Ausreisser; die Ausreisserin
ausrufen; das Ausruf(e)zeichen
ausruhen
ausschlafen
aussehen
aussen
der Aussenseiter, viele Aussenseiter; die Aussenseiterin
ausser
ausserdem
äussere; das Äussere
äusserlich
äussern
ausserordentlich
ausserorts
äusserst

die Äusserung, die Äusserungen
die Aussicht; aussichtslos
aussteigen
ausstellen; die Ausstellung
Australien; der Australier; die Australierin; australisch
austricksen, ausgetrickst
der Ausverkauf
die Auswahl; auswählen
auswallen
auswärts
der Ausweis, die Ausweise
auswendig, auswendig lernen
auszeichnen; die Auszeichnung
ausziehen; der Auszug

das Auto, die Autos, Auto fahren
die Autobahn
der Autobus; der Autocar
der Autofahrer; die Autofahrerin
der Automat, die Automaten
automatisch

die **Autonummer**
die **Axt,** die Äxte

B

das **Baby** (sprich: Bejbi), die Babys; der Babysitter
der **Bach,** die Bäche; das Bächlein
die **Bachstelze,** die Bachstelzen
die **Backe,** die Backen
backen, du bäckst (oder backst), ihr backt, ich **backte** (oder **buk**), gebacken
der **Bäcker,** viele Bäcker; die Bäckerei; die Bäckerin
das **Bad,** die Bäder
die **Bad(e)anstalt**
baden
die **Bad(e)wanne**
das **Bad(e)zimmer**
der **Bagger,** viele Bagger; baggern
die **Bahn,** die Bahnen
der **Bahnhof,** die Bahnhöfe
die **Bahre,** die Bahren
die **Bakterie,** die Bakterien
balancieren (das Gleichgewicht halten; sprich: balangsiiren)
bald
der **Balken,** viele Balken
der **Balkon,** die Balkone
der **Ball,** die Bälle, Ball spielen
das **Ballett;** die Balletttänzerin

der **Ballon,** die Ballone
die **Banane,** die Bananen
ich band (→ binden)
das **Band,** die Bänder
der **Band** (der zweite Band eines Buches), die Bände
die **Band** (sprich: Bänd), die (Musik-)Bands
die **Bande,** die Banden
bang (oder bange), mir ist angst und bang(e)
die **Bank** (zum Sitzen), die Bänke
die **Bank** (fürs Geld), die Banken
bar, ich bezahle bar
die **Bar,** die Bars

der **Bär,** die Bären
die **Baracke,** die Baracken

barfuss
das **Bargeld**
das (oder der) **Barometer**
die **Barriere,** die Barrieren
der **Bart,** die Bärte; bärtig
die **Base** (Cousine), die Basen
Basel (Basel-Landschaft und Basel-Stadt)
das **Bassin** (sprich: Bassäng), die (Schwimm-)Bassins
der **Bast**
basteln, ich bastle, du bastelst
ich bat (→ bitten)
die **Batterie,** die Batterien
der **Bau,** die Bauten
der **Bauch,** die Bäuche; der Bauchnabel; das Bauchweh
bauen
der **Bauer,** die Bauern; die Bäuerin; der Bauernhof
baufällig
der **Bauführer;** die Bauführerin
der **Baum,** die Bäume
der **Bauplatz;** die Baustelle
beachten; die Beachtung
beamen (sprich biimen); der Beamer (Projektionsgerät; sprich Biimer)
der **Beamte,** die Beamten; die Beamtin
beaufsichtigen

das **Becken,** viele Becken
sich **bedanken**
bedauerlich; bedauern
bedeuten; die Bedeutung
bedienen; die Bedienung
die **Bedingung,** die Bedingungen
bedrohen; bedrohlich; die Bedrohung
sich **beeilen,** beeile dich!
beeindrucken, beeindruckt
beenden
beerdigen; die Beerdigung
die **Beere,** die Beeren
das **Beet,** die (Garten-)Beete
ich **befahl** (→ befehlen)
der **Befehl,** die Befehle
befehlen, du befiehlst, ihr befehlt, ich **befahl,** befohlen
die **Befehlsform**
befestigen; die Befestigung
sie **befiehlt** (→ befehlen)
sich **befinden,** ich **befand mich,** befunden
befohlen (→ befehlen)
befördern; die Beförderung
befreien; die Befreiung
befruchten; die Befruchtung
begabt; die Begabung
ich **begann** (→ beginnen)
begegnen; die Begegnung
begeistern; die Begeisterung

begiessen, du begiesst, ich **begoss,** begossen
der **Beginn**
beginnen, ich **begann,** begonnen
begleiten; die Begleitung
begonnen (→ beginnen)
begraben, du begräbst, ihr begrabt, ich **begrub,** habe begraben
das **Begräbnis,** die Begräbnisse
begreifen, ich **begriff,** begriffen; der Begriff
begründen; die Begründung
begrüssen; die Begrüssung
behaart; die Behaarung
behalten, du behältst, ihr behaltet, ich **behielt,** habe behalten
der **Behälter,** viele Behälter
behandeln; die Behandlung
behaupten; die Behauptung
ich **behielt** (→ behalten)
behindert; der oder die Behinderte; die Behinderung
die **Behörde,** die Behörden
bei, bei weitem
die **Beichte;** beichten
beide, alle beide, ihr beide(n)
beieinander
der **Beifall**

beige (Farbe; sprich: bääsch), ein beiger Pullover
die **Beige,** die Beigen
das **Beil,** die Beile
beim (bei dem), beim Haus, ich war beim Lesen
das **Bein,** beide Beine
beinahe (fast)
das **Beispiel,** die Beispiele, zum Beispiel (z.B.)
beissen, ich **biss,** gebissen
ich **bekam** nichts (→ bekommen)
bekannt; der oder die Bekannte; bekanntlich
die **Bekanntschaft**
bekommen, ich **bekam,** habe bekommen
belästigen; die Belästigung
beleidigen; die Beleidigung
beleuchten; die Beleuchtung
Belgien; der Belgier; die Belgierin; belgisch
beliebt; die Beliebtheit
bellen, er **bellte,** gebellt
belohnen; die Belohnung
bemerken; die Bemerkung
sich **bemühen;** die Bemühung
sich **benehmen,** du benimmst dich, ihr benehmt euch, ich **benahm** mich, benommen; dein Benehmen ist gut

benützen (oder benutzen); der Benützer; die Benützerin
das **Benzin;** der Benzintank
beobachten; die Beobachtung
bequem; die Bequemlichkeit
beraten, du berätst, ihr beratet, ich **beriet,** habe beraten
die **Beratung,** die Beratungen
bereit; bereiten
bereits (schon)
bereuen

der **Berg,** die Berge; bergab; bergauf; bergig
der **Bericht,** die Berichte; berichten
Bern
der **Bernhardiner**
berücksichtigen

der **Beruf,** die Berufe; beruflich; berufstätig
beruhigen; die Beruhigung
berühmt; die Berühmtheit
berühren; die Berührung
ich **besass** (→ besitzen)
beschädigen, beschädigt
beschäftigen, beschäftigt; die Beschäftigung
der **Bescheid;** Bescheid sagen
bescheiden; die Bescheidenheit
bescheren; die Bescherung
beschliessen, ich **beschloss,** beschlossen
der **Beschluss,** die Beschlüsse
beschreiben, ich **beschrieb,** beschrieben; die Beschreibung
beschützen
die **Beschwerde;** sich beschweren
der **Besen,** viele Besen
besetzen; das Besetztzeichen
besichtigen; die Besichtigung
besiegen
der **Besitz** (Eigentum)
besitzen, ich **besass,** besessen; der Besitzer; die Besitzerin
die **Besonderheit;** besonders
besorgen; die Besorgung
besprechen; die Besprechung
besser; die Besserung

bestätigen; die Bestätigung
beste; am besten; das Beste ist, …
das **Besteck,** die Bestecke
bestellen; die Bestellung
bestenfalls; bestens

die **Bestie** (wildes Tier), die Bestien
bestimmen; bestimmt
bestrafen; die Bestrafung
der **Besuch,** die Besuche; besuchen
betäuben, betäubt
beteiligen; die Beteiligung
beten, ich **betete**
der **Beton**
betonen; die Betonung
betrachten; die Betrachtung
der **Betrag,** die Beträge
sich **betragen,** du beträgst dich, ihr betragt euch, ich **betrug** mich,

habe mich betragen; der Preis beträgt 10 Fr.; dein Betragen ist gut

der **Betrieb;** der Betriebsunfall

der **Betrug,** die Betrüge

betrügen, ich **betrog,** betrogen; der Betrüger; die Betrügerin

betrunken

das **Bett,** die Betten; die Bettdecke

betteln; der Bettler; die Bettlerin

beugen, ich **beugte** das Knie

die **Beule,** die Beulen

die **Beute**

der **Beutel,** viele Beutel

bevölkert; die Bevölkerung

bevor

bevorzugen, du bevorzugst

bewegen; beweglich; die Bewegung

der **Beweis,** die Beweise

beweisen, du beweist, ich **bewies,** bewiesen

bewilligen; die Bewilligung

bewohnen; der Bewohner; die Bewohnerin; bewohnt

bewölkt; die Bewölkung

bewundern; die Bewunderung

bewusst; bewusstlos; das Bewusstsein

bezahlen; die Bezahlung

die **Beziehung,** die Beziehungen

der **Bezirk,** die Bezirke

die **Bibel,** die Bibeln

der **Biber,** viele Biber

die **Bibliothek,** die Bibliotheken; der Bibliothekar; die Bibliothekarin

biegen, ich **bog,** gebogen; biegsam; die Biegung

die **Biene,** die Bienen

das **Bier,** einige Biere

das **Biest,** die Biester

bieten, ich **bot,** geboten

das **Bild,** die Bilder; das Bilderbuch; die Bildergeschichte

das **Billett,** die Billette; der Billettschalter

billig

ich **bin** zuhause (→ sein)

binden, ich **band,** gebunden

das **Birchermüesli;** das Birchermus
die **Birke,** die Birken
die **Birne,** die Birnen
bis, bis zur Pause
der **Bischof,** die Bischöfe
die **Bise** (Wind)
bisher
das **Biskuit,** die Biskuits
ich **biss** (→ beissen)
der **Biss,** die (Hunde-)Bisse
ein **bisschen** (ein wenig)
der **Bissen** (vom Apfel), die Bissen
bissig
du **bist** schon gross (→ sein)
bitte!, geh bitte!; die Bitte
bitten, ich bat, gebeten
bitter; die Bitterkeit; bitterlich
die **Blamage** (sprich: Blamaasche); sich blamieren
blasen, du bläst, ihr blast, ich **blies,** geblasen
blass; die Blässe
das **Blatt,** die Blätter; blättern
die **Blattlaus,** die Blattläuse
blau, blauer, am blau(e)sten; bläulich
das **Blech;** blechern (aus Blech)
das **Blei**
bleiben, ich **blieb,** geblieben
bleich; die Bleichheit

der **Bleistift,** die Bleistifte
blenden
der **Blick,** die Blicke; blicken
ich **blieb** (→ bleiben)
ich **blies** (→ blasen)
blind; der oder die Blinde; der Blinddarm; blindlings; die Blindschleiche
blinken; der Blinker (am Auto)
blinzeln
der **Blitz,** die Blitze; blitzen, es blitzt
der **Block,** die Blöcke
blockieren
blöd (oder blöde); der Blödsinn
blöken, das Schaf blökt
blond; die Blondine
bloss; die Blösse; blossstellen
die **Bluejeans** (sprich: Bluutschiins)
der **Bluff** (sprich: Blöff); bluffen; der Bluffer; die Blufferin
blühen
die **Blume,** die Blumen; der Blumenstrauss; die Blumenvase
die **Bluse,** die Blusen
das **Blut**
die **Blüte,** die Blüten
bluten; der Bluterguss; blutig
der **Bob** (Bobschlitten), die Bobs
der **Bock,** die Böcke; bockig

der **Boden,** die Böden
ich **bog** (→ biegen)
der **Bogen,** die Bögen (oder Bogen)
die **Bohne,** die Bohnen
bohren; der Bohrer; die Bohrmaschine
der **Bon** (Gutschein; sprich: Bong), die Bons
das **Bonbon,** die Bonbons
das **Boot,** die Boote (aber: das Bötchen)
das **Bord,** die Borde
die **Böschung,** die Böschungen
böse; etwas Böses; der Bösewicht; boshaft
Bosnien-Herzegowina; der Bosnier; die Bosnierin; bosnisch
ich **bot** (→ bieten)
das **Bötchen,** viele Bötchen
der **Bote,** die Boten; die Botin; die Botschaft
boxen; der Boxer
ich **brach** (→ brechen)
ich **brachte** (→ bringen)
der **Brand,** die Brände; der Brandstifter; die Brandstifterin
es **brannte** (→ brennen)
braten, du brätst, ihr bratet, ich **briet,** gebraten; der Braten

die **Bratwurst**
der **Brauch,** die Bräuche
brauchbar; brauchen
braun, brauner, am braunsten; bräunen; bräunlich
brausen; die Brausetablette
die **Braut,** die Bräute
der **Bräutigam,** die Bräutigame
brav, braver, am bravsten
bravo!
brechen, du brichst, ihr brecht, ich **brach,** gebrochen
der **Brei;** breiig
breit; die Breite
die **Bremse,** die Bremsen; bremsen; das Bremspedal
brennen, es **brannte,** gebrannt
die **Brennnessel,** die Brennnesseln
brenzlig
das **Brett,** die Bretter; das Brettspiel

die **Brezel,** die Brezeln

der **Brief,** die Briefe; der Briefkasten; die Briefmarke
der **Briefträger,** viele Briefträger; die Briefträgerin
ich briet (→ braten)
die **Brille,** die Brillen
bringen, ich brachte, gebracht
die **Broccoli** (Gemüse; Mehrzahl)
bröck(e)lig
der **Brocken,** viele Brocken
die **Brombeere,** die Brombeeren
die **Bronze;** die Bronzemedaille
die **Brosame,** die Brosamen
das **Brot,** die Brote; das Brötchen
der **Bruch,** die Brüche; brüchig
die **Brücke,** die Brücken
der **Bruder,** die Brüder; brüderlich
die **Brühe**
brüllen
brummen
der **Brunnen,** viele Brunnen
die **Brust,** die Brüste; die Brüstung
die **Brut,** die Bruten
brutal; die Brutalität
brüten; der Brutkasten
der **Bub,** die Buben
das **Buch,** die Bücher; die Buchdruckerei
die **Buche** (Baum), die Buchen
das **Büchergestell**
der **Buchfink,** die Buchfinken

die **Büchse,** die Büchsen; der Büchsenöffner
der **Buchstabe,** die Buchstaben; buchstabieren
die **Bucht,** die Buchten
der **Buckel,** viele Buckel; buck(e)lig
sich **bücken**
die **Bude,** die Buden
der **Büffel,** viele Büffel
das **Buffet** (sprich: Büffe), die Buffets
der **Bügel,** viele Bügel; das Bügelbrett; das Bügeleisen; bügeln (glätten)

die **Bühne,** die Bühnen
ich buk (→ backen)
der **Bulgare;** Bulgarien; die Bulgarin; bulgarisch
die **Bulldogge,** die Bulldoggen
der **Bulle** (Stier), die Bullen

bummeln
der **Bund,** die Bünde
das **Bündel,** viele Bündel; bündeln
der **Bundesrat,** die Bundesräte; die Bundesrätin
der **Bündner;** die Bündnerin; bündnerisch
der **Bungalow** (einstöckiges Haus; sprich: Bungalo); die Bungalows
bunt (farbig), bunter, am buntesten; der Buntspecht
die **Burg,** die Burgen
der **Bürger,** viele Bürger; die Bürgerin; das Bürgerrecht
das **Büro,** die Büros
der **Bursche,** die Burschen
die **Bürste,** die Bürsten; bürsten
der **Bus,** die Busse
der **Busch,** die Büsche; buschig
der **Busen**
der **Bussard** (Vogel), die Bussarde
die **Busse,** die Bussen; büssen

die **Butter;** butterweich

C

das **Cabriolet,** die Cabriolets; das Cabrio
das **Café,** die Cafés
campieren; das Camping
der **Car,** die Cars
das **Caramel,** die Caramels
die **CD** (Compact Disc), die CDs; der CD-Player
Celsius, 5 Grad Celsius (5° C)
der **Cent** (sprich: Sent) zehn Cent
der **Cervelat** (oder Servela), die Cervelats
das **Chalet** (sprich: Schale), die Chalets

der **Champignon** (Pilz; sprich: Schampinjong), die Champignons
der **Champion** (Sportheld; sprich: Tschämpien), die Champions

die **Chance,** die Chancen
das **Chaos;** chaotisch
der **Charakter,** die Charaktere
charmant (sprich: scharmant)
chatten (sprich: tschätten; sich am Computer in einem Chatroom mit jemandem unterhalten)
der **Chauffeur** (sprich: Schofför), die Chauffeure; die Chauffeuse
der **Check** (sprich: Schegg), die Checks
checken (sprich: tschecken; kontrollieren, begreifen)
der **Chef** (sprich: Scheff), die Chefs; die Chefin
die **Chemie;** die Chemikalie; der Chemiker; die Chemikerin

das **Cheminée** (sprich: Schminee), die Cheminées
chemisch
der **Chicorée** (sprich: Schiggoree)
die **Chilbi,** die Chilbenen
China; der Chinese; die Chinesin; chinesisch
der **Chip** (sprich: Tschip), die Chips
das **Chlor** (im Wasser)
der **Chor,** die Chöre
der **Christ,** die Christen; die Christin; der Christbaum; das Christkind; christlich; Christus
die **City** (Innenstadt; sprich: Sitti)
clever (schlau, gewitzt)
der **Clown** (sprich: Klaun), die Clowns; die Clownin
der **Club** (oder Klub), die Clubs
der **Coiffeur** (sprich: Gwafför), die Coiffeure; die Coiffeuse, die Coiffeusen
der **Comic,** die Comics; das Comicheft; der Comicstrip
der **Computer** (sprich: Kompjuter), viele Computer
der **Container** (sprich: Kontejner), viele Container
cool (lässig; sprich: kuul)
die (oder der) **Couch** (sprich: Kautsch), die Couchs
der **Cousin** (sprich: Kusäng), die Cousins; die Cousine (sprich: Kusine), die Cousinen

C

das **Couvert** (sprich: Kuwär), die Couverts
der **Cowboy** (sprich: Kauboi), die Cowboys
die **Creme,** die Cremen; cremen
der **Curry** (Gewürz; sprich: Köri)

D

da
dabei
das **Dach,** die Dächer; der Dachdecker; der Dachkännel
der **Dachs,** die Dachse
ich **dachte** (→ denken)
der **Dackel,** viele Dackel
dafür
dagegen
daheim
daher
dahin
dahinter

die **Dahlie** (Blume), die Dahlien
damals
die **Dame,** die Damen; damenhaft
damit
dämlich

der **Damm,** die Dämme
dämmern; die Dämmerung
der **Dampf,** die Dämpfe; dampfen
der **Dampfer,** viele Dampfer
der **Dampfkochtopf**; die Dampf-maschine
danach
der **Däne** (Bürger von Dänemark)
daneben
Dänemark; die Dänin; dänisch
dank, dank dir, dank deinem Eifer (oder: dank deines Eifers)
der **Dank,** vielen Dank!
dankbar; die Dankbarkeit
danke!; danke sagen; danken
dann
daran
darauf
daraus
ich **darf,** du darfst (→ dürfen)
darin
der **Darm,** die Därme
darstellen; die Darstellung
darüber
darum
darunter
das, das grosse Haus
dasjenige
dass, ich hoffe, dass es klappt
dasselbe

die **Dattel,** die Datteln
das **Datum,** die Daten
die **Dauer;** dauern; dauernd
der **Daumen,** beide Daumen
davon; davonrennen
davor; davorstehen
dazu; dazukommen
dazwischen; dazwischentreten
der **Dealer** (Drogenhändler; sprich: Diiler), viele Dealer; die Dealerin
die **Decke,** die Decken
der **Deckel,** viele Deckel
decken; die Deckung
defekt (kaputt); der Defekt
definitiv (endgültig)
dehnen; die Dehnung
die **Deichsel,** die Deichseln
dein, deine; deinetwegen

die **Dekoration;** dekorieren
der **Delfin,** die Delfine

die **Delikatesse,** die Delikatessen
dem, gib es dem Vater!
demnächst
die **Demokratie;** demokratisch
die **Demonstration;** demonstrieren
den, siehst du den Hasen?
denken, ich dachte, gedacht

das **Denkmal,** die Denkmäler
denn, was ist denn?
dennoch
deponieren; das Depot (Lager; sprich: Depo), die Depots
der, der Vater arbeitet

derart; derartig
derjenige
dermassen
derselbe
des, der Ball des Kindes
deshalb
das **Design** (Gestaltung; sprich: Disäjn); der Designer; die Designerin
desinfizieren, desinfiziert
dessen, das Kind, dessen Ball hier liegt
das **Dessert,** die Desserts
desto, je mehr, desto besser
deswegen
das **Detail** (Einzelheit; sprich: Detäj), die Details
der **Detektiv,** die Detektive; die Detektivin
deutlich; die Deutlichkeit
deutsch, auf Deutsch; er kann kein Wort Deutsch; der oder die Deutsche; Deutschland
Dezember
der **Deziliter** (dl), drei Deziliter
der **Dezimeter** (dm), drei Dezimeter
das **Dia** (Diapositiv), die Dias
der **Dialekt** (Mundart), die Dialekte
der **Dialog** (Gespräch zwischen zwei Leuten), die Dialoge

der **Diamant,** die Diamanten
der **Diaprojektor**
die **Diät,** die Diäten
dich, man sieht dich
dicht
dichten; der Dichter; die Dichterin; die Dichtung
dick
das **Dickicht** (dichtes Gebüsch)
die, die Mutter arbeitet

der **Dieb,** die Diebe; die Diebin; diebisch; der Diebstahl
diejenige
dienen; der Diener; die Dienerin; der Dienst
der **Dienstag;** dienstags
dies, diese, dieser, dieses
der **Diesel** (Treibstoff; Dieselmotor)
dieselbe
diesmal
die **Differenz** (Unterschied)
digital; die Digitalkamera
das **Diktat,** die Diktate; diktieren
das **Ding,** die Dinge
der **Dinosaurier,** viele Dinosaurier
das **Diplom,** die Diplome
dir, das gehört dir
direkt
die **Direktion**
der **Direktor,** die Direktoren; die Direktorin
der **Dirigent,** die Dirigenten; die Dirigentin; dirigieren
der **Disc-Jockey** (sprich: Disk-Tschocki)
die **Disco** (Tanzlokal), die Discos
das **Discountgeschäft** (sprich: Diskauntgeschäft)
die **Diskussion,** die Diskussionen; diskutieren
die **Distanz,** die Distanzen
die **Distel,** die Disteln
doch
der **Docht,** die Dochte
die **Dogge,** die Doggen
die **Dohle,** die Dohlen
der **Doktor** (Abkürzung: Dr.), die Doktoren; die Doktorin
der **Dolch,** die Dolche

D

der **Dollar,** die Dollars, zehn Dollar
der **Dolmetscher,** viele Dolmetscher; die Dolmetscherin
der **Dompteur** (sprich: Domptör), die Dompteure; die Dompteuse
der **Donner;** donnern, es donnert
der **Donnerstag;** donnerstags
doof
der **Doppelpunkt**
doppelt; das Doppelte
das **Dorf,** die Dörfer; dörflich
der **Dorn,** die Dornen; dornig
dort; dorthin
die **Dose,** die Dosen
der **Drache** (Fabeltier), die Drachen
der **Drachen** (Fluggerät), viele Drachen
der **Draht,** die Drähte; drahtig; die Drahtseilbahn
dran, ich war drauf und dran
ich **drang** (→ dringen)
der **Drang**
die **Drängelei;** drängeln
drängen
draussen
der **Dreck;** dreckig
drehen
drei, um halb drei
das **Dreieck,** die Dreiecke; dreieckig
dreimal; dreissig; dreizehn
dreschen, du drischst, ihr drescht, ich **drosch,** gedroschen; die Dreschmaschine
der **Dress** (Sportkleidung), die Dresse
dressieren; die Dressur
der **Drill;** der Drillbohrer; drillen
drin (darin)
dringen, ich **drang,** gedrungen; dringend
drinnen
zu **dritt;** dritte; der (oder das) Drittel; drittens
die **Droge,** die Drogen; drogenabhängig; drogensüchtig
die **Drogerie,** die Drogerien; der Drogist; die Drogistin
drohen; drohend
die **Drohne** (männliche Biene), die Drohnen
dröhnen; dröhnend
die **Drohung,** die Drohungen
drollig
ich **drosch** (→ dreschen)
die **Drossel,** die Drosseln
drüben; drüber (darüber)
der **Druck,** die Drucke; drucken
drücken; drückend
der **Drucker,** viele Drucker; die Druckerei; die Druckerin

der **Druckknopf**
die **Drucksache**
drum (darum)
drunter (darunter), drunter und drüber
der **Dschungel**
du, du bist hier
sich **ducken**
der **Duft,** die Düfte; duften
dulden; duldsam
dumm, dümmer, am dümmsten; etwas Dummes; die Dummheit; der Dummkopf
dumpf; dumpfig
die **Düne** (Sandhügel), die Dünen
düngen; der Dünger
dunkel, dunkler, am dunkelsten; die Dunkelheit; dunkelrot
dünn, durch dick und dünn
der **Dunst,** die Dünste; dunstig
durch; durchaus
durcheinander; das Durcheinander
der **Durchfall**
der **Durchschnitt;** durchschnittlich
dürfen, du darfst, ihr dürft, ich durfte, gedurft
dürftig (ärmlich)
dürr; die Dürre
der **Durst;** durstig
die **Dusche,** die Duschen; duschen

die **Düse;** das Düsenflugzeug
düster
das **Dutzend,** viele Dutzende, zwei Dutzend Eier

das **Duvet** (Federbett; sprich: Düwe), die Duvets
duzen (du sagen), du duzt
die **DVD** (Datenträger); der DVD-Player (Abspielgerät)
das **Dynamit** (Sprengstoff)
der **Dynamo,** die Dynamos

E

easy (sprich: iisi; leicht, locker)
die **Ebbe** (Ebbe und Flut)
eben; die Ebene
ebenfalls; ebenso; ebenso gut
der **Eber** (männliches Schwein), viele Eber
das **Echo,** die Echos
echt; die Echtheit
die **Ecke,** die Ecken; eckig
edel, edler, am edelsten; der Edelstein
der **Efeu** (Pflanze)
egal

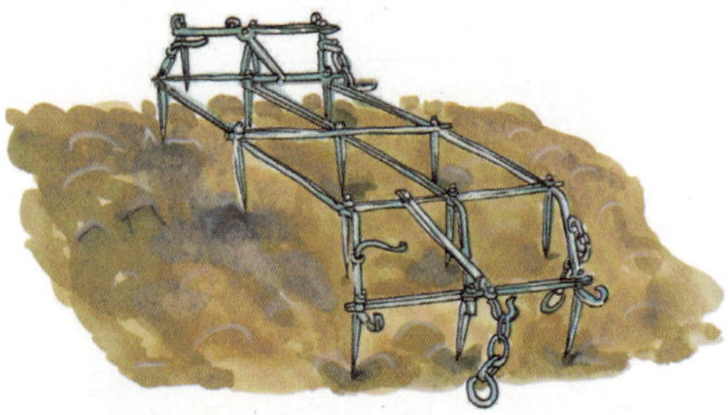

die **Egge** (Ackergerät); eggen
der **Egoismus** (Selbstsucht); der Egoist; die Egoistin; egoistisch
eh, seit eh und je, eh schon

ehe (bevor), ehe du hier warst
die **Ehe,** die Ehen
ehemalig; ehemals
das **Ehepaar,** die Ehepaare
eher, am ehesten
die **Ehre,** die Ehren; ehren
die **Ehrfurcht;** ehrfürchtig
der **Ehrgeiz;** ehrgeizig
ehrlich; die Ehrlichkeit
das **Ei,** die Eier
die **Eiche,** die Eichen; die Eichel

das **Eichhörnchen,** viele Eichhörnchen
der **Eid,** die Eide
die **Eidechse,** die Eidechsen
der **Eidgenosse,** die Eidgenossen; die Eidgenossenschaft; die Eidgenossin; eidgenössisch
das (oder der) **Eidotter,** die Eidotter
der **Eifer;** eifern
die **Eifersucht;** eifersüchtig

eifrig
das **Eigelb,** die Eigelbe, 3 Eigelb
eigen, sich zu eigen machen; sein Eigen nennen
die **Eigenart;** eigenartig
die **Eigenschaft,** die Eigenschaften
der **Eigensinn;** eigensinnig
eigentlich
das **Eigentum;** der Eigentümer; die Eigentümerin
die **Eile;** eilen; eilig; die Eilsendung
der **Eimer,** viele Eimer
ein, eine, einer, eines
einander
die **Einbahnstrasse**
sich **einbilden;** die Einbildung
einbrechen; der Einbrecher; die Einbrecherin; der Einbruch
eindeutig
eindringen; der Eindringling
der **Eindruck,** die Eindrücke; eindrücklich
einfach; die Einfachheit
die **Einfahrt,** die Einfahrten
der **Einfall,** die Einfälle; einfallen; einfallsreich
die **Einfalt;** einfältig
das **Einfamilienhaus**
der **Einfluss,** die Einflüsse
der **Eingang,** die Eingänge

eingebildet
der oder die **Eingeborene** (Ureinwohner), die Eingeborenen
die **Eingeweide** (Mehrzahl)
eingiessen (einschenken)
einig, wir waren uns einig
einige, einiges
einigermassen
die **Einigkeit**
die **Einigung**
der **Einkauf,** die Einkäufe; einkaufen; das Einkaufszentrum
einladen; die Einladung
einmal, auf einmal
das **Einmaleins**
einmalig
einpacken
sich **einprägen**
einräumen
einrichten; die Einrichtung
eins, um halb eins
einsam; die Einsamkeit
einschenken
einschlafen
einschliessen; einschliesslich
einsperren
einst
einsteigen; der Einstieg
einstimmig
einstmals; einstweilen
eintreten

der **Eintritt;** das Eintrittsbillett
einverstanden; das Einverständnis
einwärts
einweihen; die Einweihung

der **Einwohner,** viele Einwohner; die Einwohnerin
die **Einzahl**
einzahlen; die Einzahlung; der Einzahlungsschein
die **Einzelheit,** die Einzelheiten
einzeln; jeder Einzelne
einziehen
einzig, einzige; einzigartig
das **Eis;** der Eisbär
das **Eisen**
die **Eisenbahn,** die Eisenbahnen
eisern (aus Eisen)

das **Eishockey**
eisig, eisig kalt; eiskalt; eislaufen

eitel; die Eitelkeit
der **Eiter;** eitern; eitrig
das **Eiweiss,** die Eiweisse, 3 Eiweiss
der **Ekel;** ekelhaft; sich ekeln; eklig
das **Ekzem,** die Ekzeme
elastisch
der **Elefant,** die Elefanten
elegant; die Eleganz
der **Elektriker,** viele Elektriker; die Elektrikerin; elektrisch; die Elektrizität
elend, mir ist elend; das Elend
elf, um halb elf
die **Elfe,** die Elfen
der **Ell(en)bogen,** beide Ell(en)bogen
die **Elster,** die Elstern
die **Eltern;** der Elternabend
die (oder das) **E-Mail,** die E-Mails (elektronische Post); die E-Mail-Adresse
der **Emmentaler** (Käse)
der **Empfang,** die Empfänge
empfangen, du empfängst, ihr empfangt, ich **empfing,** habe empfangen; der Empfänger; die Empfängerin
empfehlen, du empfiehlst, ihr empfehlt, ich **empfahl,** empfohlen; die Empfehlung

empfinden, ich empfand, empfunden; empfindlich; die Empfindung
empor
sich **empören,** empört
emsig; die Emsigkeit
das **Ende,** die Enden; endgültig
endlich
die **Energie,** die Energien
energisch
eng; die Enge
der **Engel,** viele Engel
der **Engerling,** die Engerlinge
England; der Engländer; die Engländerin; englisch
der **Enkel,** viele Enkel; die Enkelin; die Enkelkinder
enorm
entbehren; die Entbehrung
entdecken; die Entdeckung
die **Ente,** die Enten
entfernen; entfernt; die Entfernung
entführen; die Entführung
entgegen
entgegnen; die Entgegnung
entgleisen; die Entgleisung
enthalten, es enthält, es enthielt, hat enthalten
entkommen, ich entkam, bin entkommen

entlang, entlang dem Fluss
entlassen, du entlässt, ihr entlasst, ich entliess, habe entlassen; die Entlassung
entrüstet; die Entrüstung
entscheiden, ich entschied, entschieden; die Entscheidung
sich **entschliessen,** ich entschloss mich, entschlossen
der **Entschluss,** die Entschlüsse
entschuldigen; die Entschuldigung
das **Entsetzen;** entsetzlich; entsetzt
sich **entspannen;** die Entspannung
entstehen, es entstand, ist entstanden; die Entstehung
enttäuschen, enttäuscht; die Enttäuschung
entweder
entwerfen, du entwirfst, ihr entwerft, ich entwarf, entworfen
entwickeln; die Entwicklung; die Entwicklungshilfe; die Entwicklungszusammenarbeit
der **Entwurf,** die Entwürfe
entzückend; entzückt
entzündet; die Entzündung
entzwei (kaputt)
der **Enzian,** die Enziane
die **Epidemie** (Seuche)

die **Epilepsie;** epileptische Anfälle
die **Equerre** (Zeichengerät; sprich: Ekäre), die Equerren
er, er ist hier
sich **erbarmen;** das Erbarmen; erbärmlich
der **Erbe,** die Erben; erben; die Erbin
erblassen (blass werden)
erblicken
die **Erbschaft** (oder das Erbe)
die **Erbse,** die Erbsen
das **Erdbeben,** viele Erdbeben

die **Erdbeere,** die Erdbeeren
die **Erde;** erdig; das Erdöl
erdrücken
sich **ereignen**
das **Ereignis,** die Ereignisse
erfahren, du erfährst, ihr erfahrt, ich **erfuhr,** habe erfahren; die Erfahrung
erfinden, ich **erfand,** erfunden; die Erfindung
der **Erfolg,** die Erfolge; erfolgreich
erforschen
erfreuen; erfreulich
erfrieren, er **erfror,** ist erfroren
erfrischen; die Erfrischung
erfüllen; die Erfüllung
erfunden (→ erfinden)
ergänzen; die Ergänzung
ergeben, es ergibt, es **ergab,** hat ergeben
das **Ergebnis,** die Ergebnisse
ergiebig
ergreifen, ich **ergriff,** ergriffen
erhalten, du erhältst, ihr erhaltet, ich **erhielt,** habe erhalten
sich **erholen;** die Erholung
erinnern; die Erinnerung
sich **erkälten,** erkältet; die Erkältung
erkennen, ich **erkannte,** erkannt; die Erkenntnis
erklären; die Erklärung
erlauben; die Erlaubnis
erläutern; die Erläuterung
die **Erle,** die Erlen
erleben
das **Erlebnis,** die Erlebnisse
erledigen
erleichtert; die Erleichterung

erlöschen, es erlischt, es **erlosch,** ist erloschen
erlösen; die Erlösung
ermahnen; die Ermahnung
ernähren; die Ernährung
ernst, ich meine es ernst
der **Ernst,** es ist mir ernst (oder Ernst); ernsthaft
die **Ernte,** die Ernten; ernten
erobern; die Eroberung
erpressen; die Erpressung
erraten, du errätst, ihr erratet, ich **erriet,** habe erraten
erreichen
der **Ersatz;** das Ersatzteil
erscheinen, ich **erschien,** bin erschienen; die Erscheinung
erschöpft; die Erschöpfung
ich **erschrak** (→ erschrecken)
erschrecken, du erschrickst, ihr erschreckt, ich **erschrak,** bin erschrocken; du erschreckst ihn, ich **erschreckte** ihn, habe ihn erschreckt
erschrocken (→ erschrecken)
ersetzen
die **Ersparnis,** die Ersparnisse
erst
erstaunen; erstaunlich
erste, als Erstes; das erste Mal; zum ersten Mal; erstens

ersticken; die Erstickung
erstklassig
ertappen (erwischen)
ertragen, du erträgst, ihr ertragt, ich **ertrug,** habe ertragen
ertränken
ertrinken, sie **ertrank,** ist ertrunken
erwachsen; der oder die Erwachsene, die Erwachsenen
erwähnen; die Erwähnung
erwarten; die Erwartung
erwerben, du erwirbst, ihr erwerbt, ich **erwarb,** erworben
erwidern; die Erwiderung
erwischen
erzählen; die Erzählung
erziehen, ich **erzog,** erzogen; die Erziehung
es, es ist gut so
die **Esche,** die Eschen
der **Esel,** viele Esel

der **Eskimo,** die Eskimo(s)

essen, du isst, ihr esst, ich ass, gegessen; das Essen
der **Essig;** die Essiggurke
das **Esszimmer**
der **Estrich,** die Estriche
die **Etikette,** die Etiketten
etliche (einige), etliches
das **Etui,** die Etuis
etwa (ungefähr)
etwas, etwas anderes, etwas Gutes
euch, wir besuchen euch
euer, euer Hund ist hier
die **Eule,** die Eulen
eure, eure Katze; euretwegen
der **Euro** (€), fünf Euros; der Eurocent, zehn Eurocent
Europa; der Europäer; die Europäerin; europäisch
das **Euter,** viele Euter
evangelisch; das Evangelium (in der Bibel), die Evangelien
eventuell (Abkürzung: evtl.)
ewig; die Ewigkeit
das **Examen,** viele Examen
das **Exemplar,** die Exemplare
existieren (vorhanden sein)
exklusiv
die **Exkursion,** die Exkursionen
das **Experiment,** die Experimente; experimentieren

explodieren; die Explosion
express; der Expressbrief
extra; die Extrawurst

F

die **Fabel,** die Fabeln; fabelhaft
die **Fabrik,** die Fabriken
fabrizieren
das **Fach,** die Fächer
die **Fackel,** die Fackeln
fad (oder fade), ein fades Essen
der **Faden,** die Fäden
fähig; die Fähigkeit
fahnden; die Fahndung

die **Fahne,** die Fahnen

die **Fähre,** die Fähren
fahren, du fährst, ihr fahrt, ich **fuhr,** gefahren; der Fahrer; die Fahrerin
das **Fahrrad** (Velo)
die **Fahrt,** die Fahrten
das **Fahrzeug,** die Fahrzeuge
fair (sprich: fäär); die Fairness
der **Falke** (Vogel), die Falken
der **Fall,** die Fälle, auf jeden Fall
die **Falle,** die Fallen
fallen, du fällst, ihr fallt, ich **fiel,** bin gefallen
fällen, ein Baum wird gefällt
fällig
falls
falsch, falscher, am falschesten
fälschen; die Fälschung
die **Falte,** die Falten; falten
der **Falter,** viele Falter
die **Familie,** die Familien
der **Fan** (Anhänger; sprich: Fän), die Fans
ich **fand** (→ finden)
fangen, du fängst, ihr fangt, ich **fing,** gefangen
die **Fantasie;** fantasieren; fantastisch
die **Farbe,** die Farben; färben; farbig

F

der **Farbstift,** die Farbstifte
der **Farn,** die Farne; das Farnkraut
die **Fasnacht** (oder Fastnacht)
das **Fass,** die Fässer
fassen, du fasst; die Fassung
fast (beinahe)
fasten; die Fastenzeit
das **Fast Food** (oder Fastfood) (schnell zubereitetes Essen; sprich: Fastfuud)
faszinieren; faszinierend
fauchen, die Katze faucht
faul, fauler, am faulsten; faulen
faulenzen; der Faulenzer; die Faulenzerin
die **Faulheit;** die Fäulnis
die **Faust,** die Fäuste; faustdick
der **Fauteuil** (Sessel; sprich: Fotöj), die Fauteuils
der **Favorit,** die Favoriten; die Favoritin

der (oder das) **Fax** (Telefax); faxen
die **Faxen** (Grimassen, Spässe)
der **Februar**
fechten, du fichtst, ihr fechtet, ich **focht,** gefochten
die **Feder,** die Federn
die **Fee,** die Feen
fegen
fehlen
der **Fehler,** viele Fehler; fehlerfrei
die **Feier,** die Feiern; feierlich; feiern; der Feiertag
feig (oder feige)
die **Feige** (Frucht), die Feigen
die **Feigheit;** der Feigling
die **Feile,** die Feilen; feilen
feilschen
fein
der **Feind,** die Feinde; die Feindin; feindlich; die Feindschaft; feindselig
das **Feld,** die Felder; der Feldweg
die **Felge** (am Rad), die Felgen
das **Fell,** die Felle
der **Fels** (oder der Felsen), viele Felsen; felsenfest; felsig
der **Fenchel** (Gemüse)
das **Fenster,** viele Fenster; der Fensterrahmen; der (oder das) Fenstersims
die **Ferien;** die Ferienkolonie

das **Ferkel,** viele Ferkel
fern; von ferne; die Ferne
der **Fernsehapparat**
fernsehen, du siehst fern, ich habe ferngesehen; das Fernsehen; der Fernseher; das Fernsehprogramm
die **Ferse** (am Fuss), die Fersen
fertig
die **Fessel,** die Fesseln; fesseln
fest
das **Fest,** die Feste; festlich
feststellen; die Feststellung
fett, fette Beute; das Fett; fettig
der **Fetzen,** viele Fetzen
feucht; die Feuchtigkeit
das **Feuer,** viele Feuer; die Feuerwehr; das Feuerwerk; feurig
die **Fichte** (Baum), die Fichten

das **Fieber;** fieberhaft; der Fiebermesser; fiebern; das Fieberthermometer; fiebrig

ich **fiel** vom Stuhl (→ fallen)
fies (gemein)
die **Figur,** die Figuren
der **Film,** die Filme; filmen
der **Filter,** viele Filter; filtrieren
der **Filz;** der Filzstift
die **Finanzen** (Mehrzahl); finanziell; finanzieren
finden, ich **fand,** gefunden; der Finderlohn
ich **fing** (→ fangen)

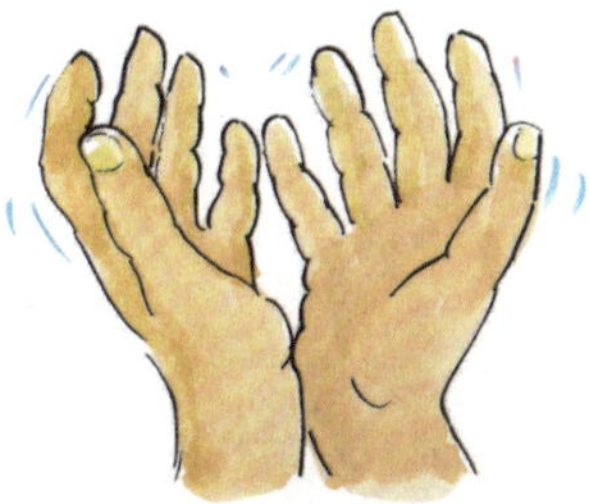

der **Finger,** zehn Finger
der **Fink** (Vogel), die Finken
der **Finne;** die Finnin; finnisch; Finnland
finster; die Finsternis
die **Firma,** die Firmen
der **Fisch,** die Fische; fischen; der Fischer; die Fischerin
fit, fitter, am fittesten; die Fitness

fix, fix und fertig; fixfertig
flach, flacher, am flachsten; das Flachdach; die Fläche
flackern
die **Flagge** (Fahne), die Flaggen
die **Flamme,** die Flammen
die **Flasche,** die Flaschen
flattern
der **Flaum;** die Flaumfeder
flechten, du flichtst, ihr flechtet, ich **flocht,** geflochten
der **Fleck,** die Flecke (oder Flecken); der Flecken; fleckig

die **Fledermaus,** die Fledermäuse
der **Flegel** (Lausbub), viele Flegel
flehen; flehentlich
das **Fleisch;** der Fleischfresser
der **Fleiss;** fleissig
fletschen, er fletscht die Zähne
flicken; das Flickzeug
der **Flieder;** der Fliederstrauch

die **Fliege,** die Fliegen
fliegen, ich **flog,** geflogen
fliehen, ich **floh,** geflohen
fliessen, es **floss,** geflossen
flimmern
flink (schnell)
die **Flinte,** die Flinten
der **Flirt** (sprich: Flört); flirten (liebeln; sprich: flörten)
flitzen, du flitzt ums Haus
die **Flocke,** die Flocken; flockig
ich **flog** (→ fliegen)
ich **floh** (→ fliehen)
der **Floh,** die Flöhe; der Flohmarkt
es **floss** (→ fliessen)
das **Floss,** die Flösse
die **Flosse,** die Flossen
die **Flöte,** die Flöten; flöten
der **Fluch,** die Flüche; fluchen
die **Flucht;** flüchten
flüchtig; der Flüchtigkeitsfehler
der **Flüchtling,** die Flüchtlinge
der **Flug,** die Flüge
der **Flügel,** viele Flügel
flügge (bei Vögeln: flugfähig)
der **Flughafen;** der Flugplatz
flugs (sogleich, schnell)
das **Flugzeug,** die Flugzeuge
der **Fluss,** die Flüsse; das Flussbett

flüssig; die Flüssigkeit
flüstern
die **Flut,** die Fluten
das **Fohlen,** viele Fohlen
der **Föhn** (Wind, Haartrockner); föhnen; föhniges Wetter
die **Föhre** (Baum), die Föhren
folgen; folgende; folgsam, Folgendes

das **Fondue** (sprich: Fondü)
fordern; die Forderung
fördern; der Förderunterricht
die **Forelle,** die Forellen
die **Form,** die Formen
das **Format,** die Formate
die **Formel,** die Formeln
formen
das **Formular,** die Formulare
formulieren; die Formulierung
forschen; der Forscher; die Forscherin; die Forschung

der **Forst;** der Förster; die Försterin
fort, fort mit dir!
fortfahren
fortgehen
der **Fortschritt,** die Fortschritte
fortsetzen; die Fortsetzung
die (oder das) **Foto,** die Fotos; der Fotoapparat; der Fotograf; die Fotografie; fotografieren; die Fotografin
die **Fotokopie;** fotokopieren
die **Fracht;** das Frachtgut
die **Frage,** die Fragen
der **Fragebogen,** die Fragebögen (oder die Fragebogen)
fragen, du fragst, ich **fragte;** gefragt; das Fragezeichen
der **Franken** (Fr.), fünf Franken
frankieren
Frankreich; der Franzose; die Französin; französisch
ich **frass** (→ fressen)
die **Fratze,** die Fratzen
die **Frau,** die Frauen
das **Fräulein,** viele Fräulein (veraltet)
frech; die Frechheit
frei; im Freien
Freiburg (oder Fribourg)
freigebig (oder freigiebig)

F

F

freihändig
die **Freiheit**
der **Freitag;** freitags
freiwillig
die **Freizeit;** die Freizeitbeschäftigung
fremd; der oder die Fremde; der Fremdling; das Fremdwort
fressen, du frisst, ihr fresst, er **frass,** gefressen; das Fressen
die **Freude;** freudig; sich freuen

der **Freund,** die Freunde; die Freundin, die Freundinnen
freundlich; die Freundlichkeit
die **Freundschaft;** freundschaftlich
der **Friede** (oder der Frieden)
der **Friedhof,** die Friedhöfe

friedlich
frieren, ich **fror,** gefroren
frisch; die Frische
frisieren
die **Frist,** die Fristen; fristlos
die **Frisur,** die Frisuren
froh, froher, am froh(e)sten
fröhlich; die Fröhlichkeit
fromm; die Frömmigkeit
ich **fror** (→ frieren)
der **Frosch,** die Frösche
der **Frost,** die Fröste; frösteln; frostig
frottieren; das Frottiertuch
die **Frucht,** die Früchte; fruchtbar
früh, früher, am früh(e)sten, früh(e)stens, heute früh; die Frühe; das Frühjahr
der **Frühling**
frühmorgens
das **Frühstück;** frühstücken
der **Fuchs,** die Füchse
fühlen; der Fühler
ich **fuhr** (→ fahren)
führen; die Führung
füllen
die **Füllfeder;** der Füllfederhalter
der **Fund,** die Funde
fünf, um halb fünf; der Fünfer; der Fünfliber; fünfmal; der Fünfräppler; fünfzehn; fünfzig

der **Funke** (oder der Funken), die Funken; funkeln

funken; der Funker; die Funkerin

die **Funktion;** funktionieren

für, für dich

die **Furche,** die Furchen

die **Furcht;** furchtbar; fürchten; fürchterlich

füreinander

der **Fuss,** die Füsse, zu Fuss

der **Fussball,** Fussball spielen

der **Fussgänger;** die Fussgängerin; der Fussgängerstreifen

das **Futter;** füttern; die Fütterung

das **Futur** (Zeitform; z. B. ich werde machen)

G

ich **gab** (→ geben)

die **Gabe,** die Gaben

die **Gabel,** die Gabeln

gackern

gähnen

der **Galopp;** galoppieren

es **galt** (→ gelten)

der **Gang,** die Gänge

der **Gangster** (sprich: Gängster), viele Gangster

die **Gans,** die Gänse; das Gänseblümchen; die Gänsehaut

ganz, ganz und gar; gänzlich

gar, gar nichts, gar kein

die **Garage** (sprich: Garaasche), die Garagen

die **Garantie;** garantieren

die **Garderobe,** die Garderoben

garnieren; die Garnitur
der **Garten,** die Gärten; das Gartenbeet; der Gartenhag
der **Gärtner,** viele Gärtner; die Gärtnerei; die Gärtnerin
das **Gas,** die Gase
die **Gasse,** die Gassen
der **Gast,** die Gäste; gastfreundlich
der **Gatte,** die Gatten; die Gattin
der **Gauner,** viele Gauner; die Gaunerei; die Gaunerin
das **Geäst** (die Äste)
das **Gebäck,** die Gebäcke
gebären, sie gebärt, sie **gebar,** geboren
das **Gebäude,** viele Gebäude
geben, du gibst, er gibt, ihr gebt, ich **gab,** gegeben, gib!
das **Gebet,** die Gebete
gebeten (→ bitten)
das **Gebiet,** die Gebiete
das **Gebirge,** viele Gebirge; gebirgig
das **Gebiss,** die Gebisse
gebissen (→ beissen)
geblieben (→ bleiben)
geboren (→ gebären)
gebrannt (→ brennen)
gebrauchen; gebräuchlich
die **Gebrauchsanweisung**
die **Gebühr,** die Gebühren

die **Geburt,** die Geburten
der **Geburtstag,** die Geburtstage
das **Gebüsch,** die Gebüsche
das **Gedächtnis**
der **Gedanke,** die Gedanken
gedeihen, es **gedieh,** gediehen
das **Gedicht,** die Gedichte

das **Gedränge;** gedrängt
die **Geduld;** geduldig
geeignet
die **Gefahr,** die Gefahren
gefährden (in Gefahr bringen)
gefahren (→ fahren)
gefährlich

das **Gefährt** (Wagen), die Gefährte
das **Gefälle**
gefallen, es gefällt, es **gefiel,** es hat gefallen
der **Gefallen,** tu mir den Gefallen
die **Gefälligkeit;** gefälligst
gefangen; der oder die Gefangene; die Gefangenschaft
das **Gefängnis,** die Gefängnisse
gefärbt
das **Gefäss,** die Gefässe
das **Gefieder;** gefiedert
es **gefiel** mir (→ gefallen)
gefleckt
geflogen (→ fliegen)
geflohen (→ fliehen)
geflossen (→ fliessen)
das **Geflügel;** die Geflügelfarm
gefrässig
gefrieren, es **gefror,** gefroren; die Gefriertruhe
gefroren (→ frieren, gefrieren)
das **Gefühl,** die Gefühle; gefühllos
gefunden (→ finden)
gegangen (→ gehen)
gegen
die **Gegend,** die Gegenden
gegeneinander
der **Gegenstand,** die Gegenstände
das **Gegenteil**
gegenüber

die **Gegenwart;** gegenwärtig; die Gegenwartsform
gegessen (→ essen)
der **Gegner,** viele Gegner; die Gegnerin; gegnerisch
gegossen (→ giessen)
gegriffen (→ greifen)
gehabt (→ haben)
das **Gehackte** (gehacktes Fleisch)
das **Gehäuse,** viele Gehäuse
geheim
das **Geheimnis,** die Geheimnisse; geheimnisvoll
geheissen (→ heissen)
gehen, du gehst, ich **ging,** gegangen
geheuer, es ist nicht geheuer
das **Gehirn;** die Gehirnerschütterung
geholfen (→ helfen)
das **Gehör**
gehorchen (folgen)
gehören, das gehört mir
gehorsam sein; der Gehorsam
die **Geige,** die Geigen
die **Geisel,** die Geiseln (Gefangene)
die **Geissel** (Peitsche), die Geisseln
der **Geist,** die Geister
der **Geiz;** der Geizhals; geizig

G

gekannt (→ kennen)
geklungen (→ klingen)
gekommen (→ kommen)
gekräuselt, gekräuseltes Haar
das **Gelächter**
gelähmt
das **Gelände**
das **Geländer,** viele Geländer
es **gelang** (→ gelingen)
gelassen (ruhig, gefasst)
gelaufen (→ laufen)
das **Geläute** (der Kirchenglocken)
gelb; gelblich
das **Geld;** geldgierig
der (oder das) **Gelee** (sprich: Schlee), die Gelees
die **Gelegenheit,** die Gelegenheiten
gelegentlich
gelehrt; der oder die Gelehrte
das **Geleise** (Gleis), viele Geleise
das **Gelenk,** die Gelenke; gelenkig
geliehen (→ leihen)
gelingen, es **gelang,** gelungen
gelitten (→ leiden)
gelten, es gilt, es **galt,** gegolten
gemächlich
der **Gemahl** (Gatte); die Gemahlin
das **Gemälde,** viele Gemälde
gemein
die **Gemeinde,** die Gemeinden
die **Gemeinheit,** die Gemeinheiten
gemeinsam

das **Gemüse,** viele Gemüse
gemütlich; die Gemütlichkeit
genannt (→ nennen)
genau; die Genauigkeit
genehmigen; die Genehmigung
die **Generation,** die Generationen
genesen (gesund werden), ich **genas,** bin genesen
Genf (französisch: Genève)
genial
das **Genick,** die Genicke
das **Genie** (sprich: Schenii)
sich **genieren** (sprich: scheniiren)
geniessen, du geniesst, ich **genoss,** genossen
genommen (→ nehmen)
genug

genügen; genügend
der **Genuss,** die Genüsse
die **Geografie;** geografisch
die **Geometrie;** geometrisch
das **Gepäck;** das Gepäckstück
gepfiffen (→ pfeifen)
gerade; geradeaus
gerannt (→ rennen)
das **Gerät,** die Geräte
geraten, es gerät, es **geriet,** es ist geraten
geräumig (gross)
das **Geräusch,** die Geräusche; geräuschlos
gerecht; die Gerechtigkeit
gereizt
das **Gericht,** die Gerichte
es **geriet** (→ geraten)
das **Gerippe** (Skelett), viele Gerippe
gerissen (→ reissen)
geritten (→ reiten)
gern, gerne; der Gernegross
das **Geröll** (lose Steine)
der **Geruch,** die Gerüche; geruchlos
das **Gerücht,** die Gerüchte
das **Gerümpel**
das **Gerüst,** die Gerüste
gesamt, im Gesamten (insgesamt)

gesandt (→ senden)
der **Gesang,** die Gesänge
das **Geschäft,** die Geschäfte; geschäftig; geschäftlich
geschehen, es geschieht, es **geschah,** es ist geschehen
gescheit
das **Geschenk,** die Geschenke
die **Geschichte,** die Geschichten
die **Geschicklichkeit;** geschickt
geschieden (→ scheiden)
es **geschieht** (→ geschehen)
geschienen (→ scheinen)
geschimpft (→ schimpfen)
das **Geschirr;** die Geschirrspülmaschine
das **Geschlecht,** die Geschlechter
geschlossen (→ schliessen)
der **Geschmack,** die Geschmäcke; geschmacklos
geschmolzen (→ schmelzen)
das **Geschnetzelte**
geschnitten (→ schneiden)
das **Geschöpf,** die Geschöpfe
geschossen (→ schiessen)
geschrieben (→ schreiben)
geschrien (→ schreien)
geschwellte Kartoffeln
geschwiegen (→ schweigen)
geschwind; die Geschwindigkeit

die **Geschwister** (Mehrzahl)
geschwollen (→ schwellen)
geschwommen (→ schwimmen)
geschworen (→ schwören)
die **Geschwulst,** die Geschwülste
das **Geschwür,** die Geschwüre
gesehen (→ sehen)
der **Geselle;** gesellig; die Gesellin
die **Gesellschaft;** das Gesellschaftsspiel
gesessen (→ sitzen)
das **Gesetz,** die Gesetze; gesetzlich
das **Gesicht,** die Gesichter
gespannt

das **Gespenst,** die Gespenster; gespenstisch
gesponnen (→ spinnen)

das **Gespräch,** die Gespräche
gesprenkelt (gefleckt)
gesprochen (→ sprechen)
gesprungen (→ springen)
die **Gestalt,** die Gestalten
gestanden (→ stehen, gestehen)
geständig sein
das **Geständnis,** die Geständnisse
der **Gestank**
gestatten (erlauben)
gestehen, ich **gestand,** gestanden
das **Gestell,** die Gestelle
gestern, gestern Morgen, gestern Mittag, gestern Abend
gestiegen (→ steigen)
gestohlen (→ stehlen)
gestorben (→ sterben)
gestreift
gestritten (→ streiten)
das **Gestrüpp,** die Gestrüppe
gestunken (→ stinken)
gesund, gesünder, am gesündesten; die Gesundheit
gesungen (→ singen)
gesunken (→ sinken)
getäfert, eine getäferte Stube
getan (→ tun)
das **Getränk,** die Getränke
das **Getreide**

getrieben (→ treiben)
getroffen (→ treffen)
getrunken (→ trinken)
das **Gewächs,** die Gewächse
gewachsen (→ wachsen)
die **Gewalt;** gewaltig; gewaltsam
das **Gewand,** die Gewänder
gewandt (geschickt)
ich **gewann** (→ gewinnen)
das **Gewässer,** viele Gewässer
das **Gewehr,** die Gewehre
das **Geweih,** die Geweihe
gewesen (→ sein)
das **Gewicht,** die Gewichte
gewinkt (→ winken)
der **Gewinn,** die Gewinne
gewinnen, ich **gewann,** gewonnen
gewiss
das **Gewissen;** gewissenhaft
das **Gewitter,** viele Gewitter; gewitt(e)rig; es gewittert
gewöhnen
die **Gewohnheit,** die Gewohnheiten
gewöhnlich
gewonnen (→ gewinnen)
geworden (→ werden)
geworfen (→ werfen)
das **Gewühl**
das **Gewürz,** die Gewürze

gewusst (→ wissen)
gezogen (→ ziehen)
das **Gezwitscher**
gib!, du gibst, er gibt (→ geben)
der **Giebel,** viele Giebel
die **Gier;** gierig
giessen, du giesst, ich **goss,** gegossen; die Giesskanne
das **Gift,** die Gifte; giftig
ich **ging** (→ gehen)
der **Gipfel,** viele Gipfel
der **Gips;** gipsen; der Gipser
die **Giraffe,** die Giraffen

die **Gitarre,** die Gitarren
das **Gitter,** viele Gitter
die **Glace** (sprich: Glasse), die Glacen
der **Glanz;** glänzen; glänzend
Glarus
das **Glas,** die Gläser; gläsern (aus Glas)
glasieren; die Glasur

G

G

glatt; die Glätte; das Glatteis; glätten
die **Glatze,** die Glatzen; glatzköpfig
der **Glaube;** glauben; gläubig
gleich, das Gleiche tun; gleichartig
gleichen, ich **glich,** geglichen
gleichfalls
das **Gleichgewicht**
gleichgültig
gleichmässig
gleichzeitig
das **Gleis** (oder Geleise), die Gleise
gleiten, ich **glitt,** geglitten
der **Gletscher,** viele Gletscher
das **Glied,** die Glieder; gliedern
glimmen, es **glomm,** geglommen (oder **glimmte,** geglimmt)
ich **glitt** (→gleiten)
glitzern
die **Glocke,** die Glocken
glotzen, was glotzt du so?
das **Glück;** glücken, es glückt mir
gluckern
glücklich; der Glückwunsch
die **Glühbirne;** glühen
die **Glut,** die Gluten
die **Gnade;** gnadenlos; gnädig
das **Goal** (sprich: Gool), die Goals; der Goalie (Torwart)
das **Gold;** golden; goldig

die **Gondel,** die Gondeln
der **Gong,** die Gongs; gongen
gönnen
Google (Suchmaschine im Internet; sprich: Guugel); googeln
der **Gorilla,** die Gorillas
ich **goss** (→giessen)
der **Gott,** die Götter
die **Gotte** (Taufpatin), die Gotten
der **Gotthard;** der Gotthardpass
der **Götti** (Taufpate), viele Götti
die **Göttin,** die Göttinnen; göttlich
das **Grab,** die Gräber
graben, du gräbst, ihr grabt, ich grub, gegraben
der **Graben,** die Gräben
der **Grad,** die Grade; 10 Grad
die **Grafik;** der Grafiker; die Grafikerin; grafisch
das **Gramm** (g), 100 Gramm
die **Grammatik** (Sprachlehre); das grammatische Geschlecht
das (oder der) **Grammofon** (Plattenspieler), die Grammofone
die **Grapefruit** (Frucht; sprich: Grepfruut), die Grapefruits
das **Gras,** die Gräser; grasen
grässlich
der **Grat** (Bergrücken), die Grate

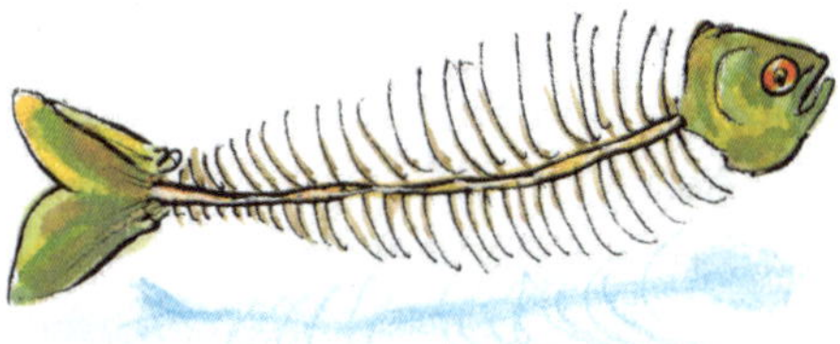

die **Gräte,** die (Fisch-)Gräten
gratis
die **Gratulation;** gratulieren
grau, grauer, am grau(e)sten
Graubünden
der **Gräuel;** gräulich (abscheulich)
grauen, es graut mir
grauenhaft; grauenvoll
grausam; die Grausamkeit
greifen, ich griff, gegriffen
der **Greis,** die Greise; die Greisin
grell, grelles Licht
die **Grenze,** die Grenzen
der **Greyerzer** (Käse)
der **Grieche;** Griechenland; die Griechin; griechisch
der **Griess;** der Griessbrei
ich griff (→ greifen)
der **Griff,** die Griffe; griffbereit
der **Grill** (zum Braten), die Grills
die **Grille** (Insekt), die Grillen

grillen; grillieren, grilliert
die **Grimasse,** die Grimassen
grimmig
grinsen, du grinst
die **Grippe**
grob, gröber, am gröbsten; der Grobian
grölen (lärmen, schreien)
der **Groll;** grollen
gross, grösser, am grössten; die Grösse
die **Grosseltern** (Grossmutter und Grossvater)
die **Grossstadt**
grosszügig
ich grub (→ graben)
die **Grube,** die Gruben
grün
der **Grund,** die Gründe
gründen
die **Grundform** (Infinitiv)
gründlich
der **Grundriss,** die Grundrisse
der **Grundsatz;** grundsätzlich
grunzen
die **Gruppe,** die Gruppen; die Gruppenarbeit
grus(e)lig; gruseln
der **Gruss,** die Grüsse; grüssen
der **Gruyère** (Käse; sprich: Grüjär)
gucken

das **Guezli,** viele Guezli
der **Gugelhopf,** die Gugelhöpfe
das **Gulasch**
gültig; die Gültigkeit
der **Gummi,** die Gummis; das Gummiboot; der Gummitwist
günstig
die **Gurgel,** die Gurgeln; gurgeln
die **Gurke,** die Gurken
der **Gurt,** die Gurte (oder Gurten)
der **Gürtel,** viele Gürtel
gut, besser, am besten; etwas Gutes, alles Gute!
das **Gut,** die Güter
die **Güte;** gütig
der **Gutschein,** die Gutscheine
das **Gymnasium,** die Gymnasien
die **Gymnastik;** gymnastisch

H

das **Haar,** die Haare (aber: das Härchen); haarig; haarscharf; das Haarshampoo; haarsträubend
haben, du hast, ich **hatte,** gehabt
die **Habgier;** habgierig
der **Habicht,** die Habichte
die **Hacke,** die Hacken; hacken
der **Hafen,** die Häfen
der **Hafer;** die Haferflocken
die **Haft;** haften; der Häftling
der **Hag,** die (Garten-)Häge
die **Hagebutte;** der Hagebuttentee
der **Hagel;** hageln, es hagelt
hager, hagerer, am hagersten
der **Hahn** (Geflügel), die Hähne
der (Wasser-)**Hahn,** die Hahnen
der **Hai,** die Haie; der Haifisch
häkeln
der **Haken,** viele Haken
halb, halb eins, ein halbes Jahr
halbieren
ich **half** (→ helfen)
die **Hälfte,** beide Hälften
die **Halle,** die Hallen; das Hallenbad
hallo!; ein grosses Hallo

der **Halm,** die Halme
der **Hals,** die Hälse; die Halskette
halt!; der Halt, die Halte
halten, du hältst, ihr haltet, ich **hielt,** gehalten; die Haltestelle
der **Halunke,** die Halunken
hämisch (schadenfroh)
der **Hammer,** die Hämmer; hämmern
der **Hampelmann;** hampeln
der **Hamster,** viele Hamster; hamstern
die **Hand,** die Hände; die Handarbeit
der **Handel;** handeln
der **Händler,** viele Händler; die Händlerin
die **Handlung,** die Handlungen
die **Handorgel,** die Handorgeln
der **Handschuh,** die Handschuhe
die **Handvoll,** zwei Handvoll Nüsse
das **Handwerk;** der Handwerker; die Handwerkerin
das **Handy** (Mobiltelefon; sprich: Händi)
die **Hängematte,** die Hängematten
hängen, das Bild hängt, es **hing,** es hat gehangen; ich **hängte** das Bild an die Wand, habe es an die Wand gehängt

der **Harass,** die Harasse
das **Härchen,** viele Härchen
harmlos; die Harmlosigkeit
hart, härter, am härtesten; die Härte
hartnäckig

der **Hase,** die Hasen; die Häsin
der **Hass;** hassen, du hasst; hässig
hässlich; die Hässlichkeit
du **hast** braune Augen (→ haben)
die **Hast** (Eile); hasten; hastig
er hat, **hatte,** hätte (→ haben)
der **Hauch;** hauchdünn; hauchen
der **Haufen,** viele Haufen; (sich) häufen
häufig (oft)
das **Haupt,** die Häupter
der **Hauptbahnhof**
der **Häuptling,** die Häuptlinge
die **Hauptsache;** hauptsächlich
die **Hauptstadt**

das **Haus,** die Häuser, nach Hause (oder nachhause), zu Hause (oder zuhause)
die **Hausaufgabe**
das **Häuschen,** viele Häuschen
die **Hausfrau**
der **Haushalt,** die Haushalte
haushoch
hausieren; der Hausierer; die Hausiererin
häuslich
das **Haustier**
der **Hauswart,** die Hauswarte; die Hauswartin
die **Haut,** die Häute; (sich) häuten
heben, ich **hob,** gehoben
die **Hecke,** die Hecken
das **Heer,** die Heere
die **Hefe;** der Hefeteig
das **Heft,** die Hefte; heften
heftig
das **Heftpflaster,** viele Heftpflaster
die **Heide;** die Heidelbeere
heilen
heilig; der Heilige Abend
das **Heilmittel;** die Heilung
heim, ich ging heim
das **Heim,** die Heime
die **Heimat;** heimatlos
die **Heimkehr;** heimkehren
heimlich; die Heimlichkeit

der **Heimweg**
das **Heimweh**
das **Heinzelmännchen**
die **Heirat,** die Heiraten; heiraten
heiser; die Heiserkeit
heiss
heissen, du heisst, ich **hiess,** geheissen
heizen, du heizt; der Heizkörper; die Heizung
die **Hektare** (ha), drei Hektaren
die **Hektik** (Aufregung); hektisch
der **Hektoliter** (hl), drei Hektoliter
der **Held,** die Helden; heldenhaft; die Heldentat; die Heldin
helfen, du hilfst, ihr helft, ich **half,** geholfen
der **Helikopter,** viele Helikopter
hell; hellblau; die Helligkeit

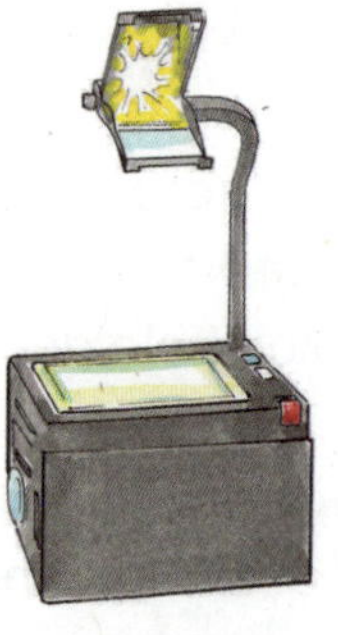

der **Hellraumprojektor**
der **Helm,** die Helme

der **Helvetier,** viele Helvetier; die Helvetierin; helvetisch

das **Hemd,** die Hemden
der **Hengst,** die Hengste
der **Henkel,** beide Henkel
die **Henne,** die Hennen
her, her damit!
herab
heran
herauf
heraus; herausfinden
herbei
der **Herbst;** herbstlich
der **Herd,** die (Koch-)Herde
die **Herde,** die (Schaf-)Herden
herein
der **Herr,** die Herren; herrisch
herrlich; die Herrlichkeit
herrschen; der Herrscher; die Herrscherin; herrschsüchtig
herstellen; die Herstellung

herüber
herum
herunter
hervor; hervorragend
das **Herz,** die Herzen, aus vollem Herzen; herzhaft
herzlich; die Herzlichkeit
die **Hetze;** hetzen; die Hetzerei
das **Heu**
heucheln; der Heuchler; die Heuchlerin; heuchlerisch
heulen
die **Heuschrecke**
heute, heute Morgen, heute Mittag, heute Abend; heutig
die **Hexe,** die Hexen; der Hexer
ich **hielt** (→ halten)
hier
hierauf (danach, sodann)
hierher
ich **hiess** (→ heissen)
die **Hilfe,** die Hilfen; hilflos
die **Himbeere;** der Himbeersirup
der **Himmel;** himmlisch
hin, hin und her
hinab
hinauf
hinaus
hindern; das Hindernis
hinein
es **hing** (→ hängen)

H

	hinken, ich hinkte, gehinkt
	hinten; hintenherum
	hinter; hintere; hintereinander
der	**Hintergrund**
	hinterher
	hinterlistig
der	**Hintern** (das Hinterteil, der Po)
	hinterrücks
	hinüber
	hinunter
der	**Hinweis;** hinweisen
der	**Hip-Hop** (Musikrichtung)
das	**Hirn;** die Hirnerschütterung
der	**Hirsch,** die Hirsche
der	**Hirt** (oder Hirte), die Hirten; die Hirtin
der	**Hit,** die Hits; die Hitparade
die	**Hitze;** hitzig
ich	hob (→ heben)
das	**Hobby,** die Hobbys
der	**Hobel,** viele Hobel; hobeln
	hoch, höher, am höchsten
auf	**hochdeutsch**
das	**Hochhaus**
	hochnäsig
	höchstens
die	**Hochzeit,** die Hochzeiten
	hocken; der Hocker
das	**Hockey**
der	**Hof,** die Höfe
	hoffen; hoffentlich
die	**Hoffnung;** hoffnungslos
	höflich; die Höflichkeit
	hohe, der hohe Berg
die	**Höhe;** der Höhepunkt
	hohl, hohler, am hohlsten

die	**Höhle,** die Höhlen (im Berg)
der	**Hohn;** höhnisch
	holen, ich holte, geholt
	Holland; der Holländer; die Holländerin; holländisch
die	**Hölle** (Himmel und Hölle); höllisch
	holpern; holp(e)rig
das	**Holz,** die Hölzer; hölzern
der	**Honig;** honigsüss
	horchen
	hören; der Hörer; die Hörerin
der	**Horizont,** die Horizonte
das	**Horn,** die Hörner
die	**Hornisse,** die Hornissen
der	**Horror** (Schrecken, Abscheu)
der	**Hort,** die Horte

die **Hose,** die Hosen
die **Hostess,** die Hostessen
das **Hotel,** die Hotels
hübsch
der **Hubschrauber,** viele Hubschrauber
der **Huf,** die Hufe; das Hufeisen
die **Hüfte,** die Hüften
der **Hügel,** viele Hügel; hüg(e)lig
das **Huhn,** die Hühner
die **Hülle,** die Hüllen
die **Hülse,** die Hülsen; die Hülsenfrucht
die **Hummel,** die Hummeln
der **Humor;** humorlos; humorvoll
humpeln, du humpelst
der **Hund,** die Hunde; hundemüde
hundert, hundert Franken; es kamen Hunderte; die Hunderternote; hundertmal; die Hundertstelsekunde
der **Hunger;** hungern; hungrig
die **Hupe,** die Hupen; hupen
hüpfen
hurra!; ein grosses Hurra
husten; der Husten
der **Hut,** die Hüte
hüten
die **Hütte,** die Hütten
die **Hyazinthe,** die Hyazinthen
der **Hydrant,** die Hydranten
die **Hygiene;** hygienisch
die **Hymne,** die Hymnen
die **Hypnose;** hypnotisieren

I

ich, ich bin hier
ideal, ideales Wetter; das Ideal
die **Idee,** die Ideen
identifizieren (erkennen)
die **Identitätskarte**
der **Idiot,** die Idioten; die Idiotin; idiotisch
der **Igel,** viele Igel
der (oder das) **Iglu,** die Iglus
ihm, ich helfe ihm
ihn, ich sehe ihn
ihnen, wir helfen ihnen
ihr, ihre; ihretwegen
illegal (ungesetzlich)
die **Illusion** (falsche Vorstellung)

die **Illustration;** illustrieren, illustriert; die Illustrierte

im (in dem), ich bin im Haus; im Übrigen; im Voraus
der **Imbiss,** die Imbisse
die **Imitation** (Nachahmung); imitieren
der **Imker** (Bienenzüchter), viele Imker; die Imkerin
immer
immerhin
impfen; die Impfung
improvisieren (etwas unvorbereitet tun)
imstande sein (können)
in, ich gehe in die Stube, ich bin in der Stube
indem, indem ich schlafe, erhole ich mich
der **Inder,** viele Inder; die Inderin
indessen
der **Indianer,** viele Indianer; die Indianerin; indianisch
Indien; indisch
indirekt
individuell (einzeln, persönlich)
die **Industrie,** die Industrien; industriell; der oder die Industrielle
ineinander
die **Infektion;** infizieren, infiziert
infolge, infolge des Gewitters
die **Information,** die Informationen

informieren
der **Ingenieur** (sprich: Inscheniör), die Ingenieure; die Ingenieurin
der **Inhaber,** viele Inhaber; die Inhaberin
der **Inhalt,** die Inhalte; das Inhaltsverzeichnis
inklusive (einschliesslich)
inkonsequent
die **Inlineskates** (Mehrzahl) (Rollschuhe; sprich: Inläjnskejts)
inmitten, inmitten des Sees
innen
innere; das Innere
innerhalb
innerlich
innerorts
innert, innert drei Tagen
innig
ins (in das), komm ins Haus!
der **Insasse,** die Insassen; die Insassin
das **Insekt,** die Insekten

die **Insel,** die Inseln

das **Inserat,** die Inserate; inserieren
insgeheim
insgesamt
insofern
der **Inspektor,** die Inspektoren; die Inspektorin; inspizieren
der **Installateur** (sprich: Installatör) die Installateure; die Installateurin; die Installation; installieren
instand, instand stellen (flicken)
inständig, ich **bat** sie inständig
der **Instinkt** (Trieb, Gespür), die Instinkte; instinktiv
das **Institut,** die Institute
das **Instrument,** die Instrumente
intelligent; die Intelligenz
intensiv (stark, eindringlich)
interessant; das Interesse; interessieren
international
das **Internet**
das **Interview** (sprich: Interwju), die Interviews; interviewen; der Interviewpartner; die Interviewpartnerin
invalid; der oder die Invalide
inwendig
inzwischen
der **Ire** (Bürger von Irland)

	irgend, irgendetwas, irgendjemand
	irgendein, irgendeine, irgendeiner
	irgendwann
	irgendwie
	irgendwo
die	**Irin;** irisch; Irland
die	**Ironie;** ironisch (spöttisch)
	irr (oder irre)
sich	**irren**
der	**Irrtum,** die Irrtümer; irrtümlich
der	**Islam** (Religion der Moslems)
die	**Isolation;** isolieren, isoliert
	Israel; der oder die Israeli; israelisch; die Israeliten (in der Bibel)
sie	**isst** gerne Spaghetti (→ essen)
es	**ist** schönes Wetter (→ sein)
	Italien; der Italiener; die Italienerin; italienisch

J

	ja, Ja sagen (oder: ja sagen); das Ja
die	**Jacht** (oder Yacht), die Jachten
die	**Jacke,** die Jacken
die	**Jagd,** die Jagden
	jagen, du jagst
der	**Jäger,** viele Jäger; die Jägerin
das	**Jahr,** die Jahre; jahrelang
die	**Jahreszeit,** die Jahreszeiten
	jährig, ein vierjähriges (oder: 4-jähriges) Kind
	jährlich
das	**Jahrzehnt,** die Jahrzehnte
der	**Jähzorn;** jähzornig
der	**Jammer;** jämmerlich; jammern; jammerschade
der	**Januar**
	Japan; der Japaner; die Japanerin; japanisch
	japsen, der Hund japst
der	**Jass;** jassen; die Jasskarte
	jäten
die	**Jauche** (Gülle)
	jauchzen, du jauchzt
	jaulen
	jawohl
der	**Jazz** (Musikstil; sprich: Tschäs)
	je, seit je, je nachdem

die **Jeans** (sprich: Tschiins)
jede, jeder, jedes
jedenfalls
jedermann
jederzeit
jedes Mal
jedoch
der **Jeep** (sprich: Tschiip), die Jeeps
jeher, von jeher
jemals
jemand, jemand anders
jene, jener, jenes
jenseits des Sees; das Jenseits
Jesus Christus
der **Jet** (Düsenflugzeug; sprich: Tschet), die Jets
jetzt
jeweils

der **Job** (Anstellung; sprich: Tschob), die Jobs; jobben
das **Jod**
jodeln; der Jodler; die Jodlerin
joggen (rennen; sprich: tschoggen); das Jogging
das (oder der) **Joghurt** (oder Jogurt), die Joghurt(s); der Joghurtbecher
die **Johannisbeere,** die Johannisbeeren
johlen
der **Jongleur** (sprich: Schonglör), die Jongleure; die Jongleurin; jonglieren
der **Journalist** (sprich: Schurnalist), die Journalisten; die Journalistin
der **Jubel;** jubeln
das **Jubiläum,** die Jubiläen; jubilieren
jucken; das Juckpulver
der **Jude,** die Juden; die Jüdin; jüdisch
das **Judo** (Sportart)
die **Jugend;** jugendlich; der oder die Jugendliche
der **Jugoslawe;** (Ex-)Jugoslawien; die Jugoslawin; (ex-)jugoslawisch
der **Juli**

der **Jumbojet** (sprich: Tschumbo-Tschet), die Jumbojets
jung, jünger, am jüngsten
der **Junge** (Bub), die Jungen
der **Junggeselle;** die Junggesellin
der **Juni**
der **Junior,** die Junioren
der **Jupe** (sprich: Schüpp), die Jupes
der **Jura**
das **Juwel,** die Juwelen; der Juwelier; die Juwelierin
der **Jux** (Scherz)

K

das **Kabel,** viele Kabel
die **Kabine,** die Kabinen
die **Kachel,** die Kacheln; der Kachelofen
der **Käfer,** viele Käfer
der **Kaffee;** die Kaffeetasse
der **Käfig,** die Käfige
kahl; der Kahlkopf; kahlköpfig
der **Kahn,** die Kähne
der **Kaiser,** viele Kaiser; die Kaiserin
die **Kajüte,** die Kajüten
der **Kakao;** das Kakaopulver
der **Kaktus,** die Kakteen
das **Kalb,** die Kälber
der **Kalender,** viele Kalender
der **Kalk;** der Kalkstein
die **Kalorie,** die Kalorien (im Essen)
kalt, kälter, am kältesten; die Kälte
ich **kam,** ich käme (→ kommen)
das **Kamel,** die Kamele
die **Kamera,** die Kameras
der **Kamerad,** die Kameraden; die Kameradin; die Kameradschaft
die **Kamille;** der Kamillentee
der (oder das) **Kamin,** die Kamine

der **Kaminfeger,** viele Kaminfeger; die Kaminfegerin
der **Kamm,** die Kämme; kämmen
die **Kammer,** die Kammern
der **Kampf,** die Kämpfe; kämpfen
der **Kanal,** die Kanäle
die **Kanalisation;** kanalisieren
das **Kanapee** (Sofa), die Kanapees
der **Kanarienvogel**
der **Kandidat,** die Kandidaten; die Kandidatin
das **Känguru,** die Kängurus
das **Kaninchen,** viele Kaninchen
der **Kanister,** viele Kanister
ich **kann,** du kannst (→ können)
die **Kanne,** die Kannen
ich **kannte** (→ kennen)
der **Kanon,** die Kanons
die **Kanone,** die Kanonen
die **Kante,** die Kanten; kantig
der **Kanton,** die Kantone; kantonal
das **Kanu,** die Kanus
die **Kanzel,** die Kanzeln
die **Kapelle,** die Kapellen
kapieren (begreifen)
der **Kapitän,** die Kapitäne
das **Kapitel,** viele Kapitel
die **Kappe,** die Kappen
die **Kapsel,** die Kapseln
kaputt; kaputtmachen
die **Kapuze,** die Kapuzen

karg; kärglich
kariert
die **Karikatur,** die Karikaturen
die **Karosserie,** die Karosserien
die **Karotte,** die Karotten
der **Karren,** viele Karren; die Karrette (Schubkarren)
die **Karte,** die Karten
die **Kartoffel,** die Kartoffeln; der Kartoffelstock
der **Karton,** die Kartons
das **Karussell,** die Karussells (oder Karusselle)
der **Käse;** die Käserei; käsig
der **Kasperli;** das Kasperlitheater
die **Kasse,** die Kassen
die **Kassette,** die Kassetten; der Kassettenrekorder

die **Kastanie,** die Kastanien
der **Kasten,** die Kästen
der **Katalog,** die Kataloge

katastrophal (sprich: katastrofal); die Katastrophe (sprich: Katastrofe)
der **Kater,** viele Kater
der **Katholik,** die Katholiken; die Katholikin; katholisch
das **Kätzchen,** viele Kätzchen
die **Katze,** die Katzen
kauen, du kaust
kauern (hocken), du kauerst
der **Kauf,** die Käufe
kaufen, du kaufst, ich **kaufte**
der **Käufer;** die Käuferin; die Kauffrau; der Kaufmann, die Kaufleute
der **Kaugummi,** viele Kaugummi(s)
die **Kaulquappe,** die Kaulquappen
kaum
der **Kauz,** die Käuze; das Käuzchen
keck (vorwitzig)
die **Kefe,** die Kefen
der **Kegel,** viele Kegel; kegeln
die **Kehle,** die Kehlen; der Kehlkopf
kehren
der **Kehricht;** die Kehrichtabfuhr; der Kehrichtsack; die Kehrichtverbrennungsanlage
der **Keim,** die Keime; die Keimblätter; keimen; der Keimling

K

kein, keine, keiner, keines
keinesfalls
keineswegs
keinmal
der **Keks,** die Kekse; die Keksdose
die **Kelle,** die Kellen
der **Keller,** viele Keller
der **Kellner,** viele Kellner; die Kellnerin
kennen, ich **kannte,** gekannt; kennenlernen (oder: kennen lernen)
die **Kenntnis,** die Kenntnisse
das **Kennzeichen;** kennzeichnen
kentern, das Schiff **kenterte**
der **Kerl,** die Kerle
der **Kern,** die Kerne; das Kerngehäuse; kerngesund
die **Kerze,** die Kerzen; kerzengerade
der **Kessel,** viele Kessel
das **Ketchup** (oder: Ketschup) (sprich: Ketschap)
die **Kette,** die Ketten
keuchen; der Keuchhusten
kichern
die **Kiefer** (Baum), die Kiefern
der **Kiefer** (ein Schädelknochen); die Kieferhöhle
die **Kieme,** die Kiemen der Fische
der **Kienspan,** die Kienspäne

der **Kies;** der Kieselstein
das **Kilo,** die Kilos, drei Kilo Äpfel; das Kilogramm (kg), die Kilogramme, drei Kilogramm
der **Kilometer** (km), drei Kilometer
das **Kind,** die Kinder; der Kindergarten; kinderleicht; kindisch
das **Kinn,** die Kinne; der Kinnhaken
das **Kino,** die Kinos
der **Kiosk,** die Kioske
kippen
die **Kirche,** die Kirchen; kirchlich; der Kirchturm

die **Kirsche,** die Kirschen
das **Kissen,** viele Kissen
die **Kiste,** die Kisten
der **Kitsch;** kitschig
kitzeln; kitz(e)lig
kläffen; der Kläffer (Hund)
die **Klage,** die Klagen; klagen
kläglich

die **Klammer,** die Klammern; sich an etwas klammern
es klang (→ klingen)
der **Klang,** die Klänge
die **Klappe,** die Klappen; klappen
klappern; die Klapperschlange
klar, klarer, am klarsten
die **Kläranlage;** klären
die **Klarinette,** die Klarinetten
die **Klasse,** die Klassen; das Klassenzimmer
der **Klatsch;** klatschen
die **Klaue,** die Klauen
klauen
das **Klavier,** die Klaviere
kleben; der Kleber; klebrig; der Klebstoff
der **Klecks** (Fleck), die Kleckse; klecksen
der **Klee;** das Kleeblatt
das **Kleid,** die Kleider; kleiden; die Kleidung
klein; etwas Kleines; die Kleinigkeit
kleinlich; die Kleinlichkeit
die **Klemme,** in der Klemme sitzen; klemmen
klettern; die Kletterstange
das **Klima,** die Klimata (oder: Klimas); klimatisch
klimpern

K

die **Klinge,** die Klingen
die **Klingel,** die Klingeln; klingeln
klingen, es **klang,** geklungen
die **Klinik,** die Kliniken; klinisch
klirren
das **Klo** (WC), die Klos
klopfen
das **Klosett** (WC), die Klosetts
das **Kloster,** die Klöster
der **Klotz,** die Klötze; klotzig
der **Klub** (oder Club), die Klubs
klug, klüger, am klügsten; die Klugheit
der **Klumpen,** viele Klumpen
knabbern
der **Knabe,** die Knaben
das **Knäckebrot**
knacken; der Knacks
der **Knall,** die Knalle; knallen
knapp, knapper, am knappsten
knarren
knattern
der (oder das) **Knäuel,** drei Knäuel
knausern; knaus(e)rig
der **Knecht,** die Knechte
kneifen, ich **kniff,** gekniffen
kneten
der **Knick,** die Knicke; knicken; knick(e)rig
das **Knie,** beide Knie; knien
ich **kniff** (→ kneifen)

der **Kniff,** die Kniffe; knifflig
knipsen
der **Knirps,** die Knirpse
knirschen
knistern
der **Knoblauch**
der **Knöchel,** beide Knöchel
der **Knochen,** viele Knochen; knöchern (aus Knochen); knochig
die **Knolle** (oder der Knollen), viele Knollen; knollig
der **Knopf,** die Knöpfe
knorrig
die **Knospe,** die Knospen; knospen, die Pflanze knospt

der **Knoten,** viele Knoten
knüpfen
knurren
knuspern; knusp(e)rig
der **Koch,** die Köche; kochen
der **Kochherd,** die Kochherde
die **Köchin,** die Köchinnen

der **Köder,** viele Köder; ködern
der **Koffer,** viele Koffer; der Kofferraum
der **Kohl**
die **Kohle,** die Kohlen
die **Kohlmeise,** die Kohlmeisen
der **Kohlrabi,** viele Kohlrabi(s)
die **Kokosnuss,** die Kokosnüsse
der **Kollege,** die Kollegen; die Kollegin
die **Kollision** (Zusammenstoss)
die **Kolonne,** die Kolonnen
die **Kombination;** kombinieren
der **Komfort;** komfortabel
der **Komiker,** viele Komiker; die Komikerin
komisch
das **Komma,** die Kommas
kommandieren; das Kommando
kommen, du kommst, ich **kam,** gekommen, ich käme gerne
der **Kommentar,** die Kommentare; kommentieren
der **Kommissar,** die Kommissare; die Kommissarin
die **Kommode,** die Kommoden
die **Kommunion**
der **Kompass,** die Kompasse
komplett (vollständig)
der **Komplex,** die Komplexe

das **Kompliment,** die Komplimente
der **Komplize** (Mittäter)
kompliziert
die **Komplizin** (Mittäterin)
komponieren; der Komponist; die Komponistin; die Komposition
der **Kompost;** der Komposthaufen; kompostieren
das **Kompott,** die Kompotte
der **Kompromiss,** die Kompromisse
die **Kondensmilch**
die **Kondition;** das Konditionstraining
der **Konditor,** die Konditoren; die Konditorei; die Konditorin
der **Kondukteur** (sprich: Konduktör) die Kondukteure; die Kondukteuse
die **Konferenz,** die Konferenzen
die **Konfetti** (Mehrzahl)
die **Konfirmation**
die **Konfitüre,** die Konfitüren
der **Konflikt,** die Konflikte
der **König,** die Könige; die Königin; königlich; das Königreich
konkret (wirklich, anschaulich)
die **Konkurrenz**
können, du kannst, ihr könnt, ich **konnte,** gekonnt

konsequent; die Konsequenz
die **Konserve,** die Konserven
der **Konsonant,** die Konsonanten (Mitlaute, z.B. b, f, s)
konstruieren; die Konstruktion
der **Konsum;** konsumieren
der **Kontakt,** die Kontakte
der **Kontinent,** die Kontinente
die **Kontrolle;** kontrollieren
die **Konzentration;** sich konzentrieren, konzentriert
das **Konzert,** die Konzerte
der **Kopf,** die Köpfe
das **Kopfkissen**
kopfüber
das **Kopfweh**
die **Kopie,** die Kopien; kopieren
der **Korb,** die Körbe; der Korbball
der **Kork**
der **Korken** (Zapfen), viele Korken
das **Korn,** die Körner; körnig
der **Körper,** viele Körper
korrekt (richtig)
die **Korrektur,** die Korrekturen
die **Korrespondenz;** korrespondieren
der **Korridor,** die Korridore
korrigieren, korrigiert
die **Kosmetik;** kosmetisch
Kosovo (oder Kosova); der Kosovare; die Kosovarin

kostbar; kosten; die Kosten
köstlich; die Köstlichkeit
das **Kostüm,** die Kostüme; kostümieren
das **Kotelett,** die Koteletts
der **Köter,** viele Köter
krabbeln
der **Krach,** die Kräche; krachen
krächzen
die **Kraft,** die Kräfte; kräftig
der **Kragen,** viele Kragen (oder Krägen)
die **Krähe,** die Krähen
krähen
die **Kralle,** die Krallen
der **Krampf,** die Krämpfe; krampfhaft
der **Kran,** die Kräne
krank, kränker, am kränksten
kränken
die **Krankenschwester**
die **Krankheit;** kränklich
der **Kranz,** die Kränze
kratzen; der Kratzer
der **Kräuel** (Werkzeug), viele Kräuel
kraus, krauses Haar; kräuseln
das **Kraut,** die Kräuter
die **Krawatte,** die Krawatten
kraxeln
der **Krebs,** die Krebse

die **Kreide,** die Kreiden; kreideweiss
der **Kreis,** die Kreise
kreischen
kreisen; kreisrund
die **Kresse;** der Kressesalat
das **Kreuz,** die Kreuze; kreuz und quer; kreuzen
die **Kreuzung,** die Kreuzungen
kribb(e)lig
kriechen, ich kroch, gekrochen
der **Krieg,** die Kriege; kriegerisch
der **Krimi,** die Krimis
die **Kriminalpolizei**
kriminell (verbrecherisch)
die **Krippe,** die Krippen
die **Krise,** die Krisen

der **Kristall,** die Kristalle; kristallklar
die **Kritik;** kritisch; kritisieren
kritzeln
der **Kroate;** Kroatien; die Kroatin; kroatisch
ich kroch (→ kriechen)
das **Krokodil,** die Krokodile
der **Krokus,** die Krokusse
die **Krone,** die Kronen
krönen; die Krönung
die **Kröte,** die Kröten
die **Krücke,** die Krücken
der **Krug,** die Krüge
krumm, krummer, am krummsten (oder krümmer, am krümmsten); die Krümmung
die **Kruste,** die Krusten
der **Kübel,** viele Kübel
die **Küche,** die Küchen
der **Kuchen,** viele Kuchen

der **Kuckuck,** die Kuckucke

die **Kugel,** die Kugeln; (sich) kugeln; kugelrund
der **Kugelschreiber,** viele Kugelschreiber
die **Kuh,** die Kühe
kühl; die Kühle; kühlen
der **Kühlschrank**
kühn; die Kühnheit
das **Küken,** viele Küken
die **Kulisse,** die Kulissen
die **Kultur,** die Kulturen; kulturell
der **Kümmel**
der **Kummer;** kümmerlich
kümmern; sich kümmern
der **Kunde,** die Kunden
kündigen; die Kündigung
die **Kundin,** die Kundinnen
die **Kundschaft**
künftig
die **Kunst,** die Künste
der **Künstler,** viele Künstler; die Künstlerin; künstlerisch
künstlich
das **Kunststück**
das **Kupfer;** kupfern (aus Kupfer)
die **Kupplung**
die **Kur,** die Kuren
die **Kurbel,** die Kurbeln; kurbeln
der **Kürbis,** die Kürbisse
der **Kurs,** die Kurse
die **Kurve,** die Kurven; kurvig

kurz, kürzer, am kürzesten; die Kürze
kürzlich
sich **kuscheln**
die **Kusine,** die Kusinen

der **Kuss,** die Küsse; das Küsschen
küssen, du küsst
die **Küste,** die Küsten
die **Kutsche,** die Kutschen
das **Kuvert** (oder Couvert), die Kuverts
Kw, kw → Qu, qu

L

das **Labor,** die Labors; das Laboratorium, die Laboratorien
das **Labyrinth,** die Labyrinthe
lächeln; das Lächeln
lachen; das Lachen, das ist zum Lachen
lächerlich; lachhaft
der **Lachs,** die Lachse; lachsfarben
der **Lack,** die Lacke; lackieren
laden, du lädst, sie lädt, ihr ladet, ich **lud,** geladen
der **Laden,** die Läden
die **Ladung,** die Ladungen
ich **lag** (→ liegen)
das **Lager,** viele Lager; lagern
lahm; lähmen; die Lähmung
der **Laib,** die (Brot-)Laibe
der **Laich;** laichen; die Laichzeit
das **Laken** (Leintuch), viele Laken
das **Lamm,** die Lämmer
die **Lampe,** die Lampen
der **Lampion,** die Lampions
das **Land,** die Länder
landen
die **Landkarte**
ländlich
die **Landschaft,** die Landschaften
die **Landung,** die Landungen

der **Landwirt,** die Landwirte; die Landwirtin; die Landwirtschaft
lang, länger, am längsten; lange; die Länge
die **Lang(e)weile**
länglich
längs, längs des Ufers
langsam; die Langsamkeit
längst; längstens
langweilen; sich langweilen; langweilig
der **Lappen,** viele Lappen
die **Lärche** (Baum), die Lärchen
der **Lärm;** lärmen; lärmig
die **Larve,** die Larven
ich **las** (→ lesen)
lassen, du lässt, ihr lasst, ich **liess,** gelassen, lass mich!
lässig
das **Lasso,** die Lassos
die **Last,** die Lasten; das Lastauto
lästig
der **Lastwagen,** viele Lastwagen
das **Latein;** lateinisch
die **Laterne,** die Laternen
die **Latte,** die Latten
der **Lattich**
lau, ein lauer Wind
das **Laub;** der Laubbaum
die **Laubsäge**
der **Lauch,** die Lauche

die **Lauer,** auf der Lauer; lauern
der **Lauf,** die Läufe
laufen, du läufst, ihr lauft, ich **lief,** gelaufen; der Läufer; die Läuferin
die **Laune,** die Launen; launisch
die **Laus,** die Läuse; der Lausbub
lauschen, du lauschst
laut, lauter, am lautesten
der **Laut,** die Laute
lauten, wie lautet die Lösung?
läuten, die Glocke läutet
lautlos
der **Lautsprecher**
lauwarm
das **Lavabo,** die Lavabos
die **Lawine,** die Lawinen
das **Layout** (oder Lay-out) (Gestaltung; sprich: Lej-aut)
leben, du lebst, ich **lebte**
das **Leben;** lebendig
die **Lebensmittel** (Mehrzahl)
die **Leber,** die Lebern
lebhaft
der **Lebkuchen,** viele Lebkuchen
lechzen, du lechzt nach Wasser
leck, ein leckes Schiff; das Leck
lecken
lecker; der Leckerbissen

das **Leder;** ledern (aus Leder)
ledig
leer; die Leere
leeren (leer machen)

die **Lefze,** die Lefzen (Tierlippen)
legen, ich lege es aufs Pult
der **Lehm;** lehmig
die **Lehne,** die Lehnen; lehnen; der Lehnstuhl
die **Lehre** (Ausbildung), die Lehren
lehren, die Lehrerin lehrt uns rechnen
der **Lehrer,** viele Lehrer; die Lehrerin; das Lehrerzimmer
der **Lehrling,** die Lehrlinge; die Lehrtochter
der **Leib** (Körper), die Leiber
das **Leibchen** (Unterhemd), viele Leibchen
die **Leiche,** die Leichen; leichenblass

L

der **Leichnam,** die Leichname
leicht
die **Leichtathletik**
der **Leichtsinn;** leichtsinnig
leid, es tut mir leid; das Leid
leiden, ich litt, gelitten
die **Leidenschaft;** leidenschaftlich
leider
leihen, ich lieh, geliehen; leihweise
der **Leim;** leimen; die Leimtube
die **Leine,** die Leinen
das **Leinen;** das Leintuch
leise
leisten; die Leistung
leiten; der Leiter; die Leiterin
die **Leiter,** die Leitern
die **Lektion,** die Lektionen
die **Lektüre** (Lesestoff)
lenken; der Lenker; die Lenkerin; die Lenkstange
die **Lerche** (Vogel), die Lerchen
lernen, ich lerne rechnen, ich bin beim (oder am) Lernen
das **Lesebuch**
die **Leseecke**
lesen, du liest, ihr lest, ich las, gelesen; die Leseratte; leserlich
letzte, letztes Mal; das letzte Mal; zum letzten Mal
letzthin
leuchten; der Leuchtturm
leugnen
die **Leute** (Mehrzahl)

das **Lexikon,** die Lexika (oder Lexiken)
die **Libelle,** die Libellen
das **Licht,** die Lichter; lichterloh
die **Lichtung,** die Lichtungen
das **Lid** (Augendeckel), die Lider
lieb, lieber, am liebsten; lieb haben (oder liebhaben)
die **Liebe;** lieben; lieblich; der Liebling; lieblos
Liechtenstein; das Fürstentum Liechtenstein
das **Lied,** die Lieder
liederlich (unordentlich)
ich lief (→ laufen)
liefern; die Lieferung
liegen, du liegst, ich lag, ich habe (oder bin) gelegen

L

ich **lieh** ihr das Buch (→ leihen)
ich **liess** (→ lassen)
du **liest,** sie liest, er liest (→ lesen)
der **Lift,** die Lifte
lila, ein lila Farbstift
die **Lilie,** die Lilien
die **Limmat** (Fluss)
die **Limonade,** die Limonaden
die **Linde,** die Linden; der Lindenblütentee
lindern; die Linderung
das **Lineal,** die Lineale
die **Linie,** die Linien; liniert
links
der **Linkshänder;** die Linkshänderin; linkshändig
das **Linoleum;** der Linolschnitt
die **Linse,** die Linsen
die **Lippe,** die Lippen; der Lippenstift
die **List,** die Listen
die **Liste,** die Listen
listig
der **Liter** (l), drei Liter
die **Literatur**
ich **litt** (→ leiden)
live (sprich: laif), ich sah es live; die Livesendung
das **Lob;** loben; lobenswert
das **Loch,** die Löcher; lochen; der Locher; löch(e)rig

die **Locke,** die Locken
locken, die Ente lockt ihre Jungen ins Wasser
locker; die Lockerungsübung
lockig, lockiges Haar
lodern, die Flammen lodern
der **Löffel,** viele Löffel; löffelweise
ich **log** (→ lügen)
die **Logik;** logisch
der **Lohn,** die Löhne; (sich) lohnen

die **Loipe** (Langlaufspur)
das **Lokal,** die Lokale
die **Lokomotive,** die Lokomotiven; der Lokomotivführer
los, los jetzt!, lose Blätter
das **Los,** die Lose
löschen; das Löschpapier
lösen
loslassen
die **Lösung,** die Lösungen
löten; der Lötkolben

der **Lotse,** die Lotsen; die Lotsin
die **Lotterie;** das Lotto, die Lottos
der **Löwe,** die Löwen; das Löwenmäulchen; der Löwenzahn
der **Luchs,** die Luchse
die **Lücke,** die Lücken; lückenlos; der Lückentext
ich lud (→ laden)
die **Luft,** die Lüfte; der Luftballon
lüften
luftig

die **Luftmatratze**
die **Luftverschmutzung**
die **Lüge,** die Lügen
lügen, ich log, gelogen; der Lügner; die Lügnerin
die **Luke** (Fensterchen), die Luken
der **Lümmel,** viele Lümmel
der **Lumpen,** viele Lumpen; lumpig

die **Lunge,** die Lungen; die Lungenentzündung
die **Lupe,** die Lupen; lupenrein
die **Lust,** die Lüste
lustig, lustiger, am lustigsten
lutschen
luxuriös; der Luxus
Luzern

M

machen
die **Macht,** die Mächte; mächtig
das **Mädchen,** viele Mädchen; die Mädchenriege
die **Made,** die Maden; madig
ich **mag,** du magst (→ mögen)
die **Magd,** die Mägde
der **Magen,** die Mägen
mager, magerer, am magersten; die Magerkeit
die **Magie;** magisch
der **Magnet,** die Magnete; magnetisch; magnetisieren
mähen
das **Mahl** (Essen, Mahlzeit), die Mähler (oder Mahle)
mahlen (Getreide mahlen)
die **Mahlzeit,** die Mahlzeiten
die **Mähmaschine**
die **Mähne,** die Mähnen
mahnen; die Mahnung
der **Mai;** das Maiglöckchen; der Maikäfer
mailen (ein E-Mail senden); gemailt
der **Mais;** der Maiskolben, viele Maiskolben
die **Majestät;** majestätisch
der **Makel,** viele Makel; makellos
das **Make-up** (sprich: Mejkap)
die **Makkaroni** (Teigwaren; Mehrzahl)
mal, sieh mal!, zwei mal drei
das **Mal,** viele Male, letztes Mal, das nächste Mal
malen; der Maler; die Malerei; die Malerin; malerisch
die **Mama,** die Mamas; das oder die Mami, die Mamis
man, man sieht nichts
manche, mancher, manches
manchmal
die **Mandarine,** die Mandarinen
die **Mandel,** die Mandeln
die **Manege** (sprich: Maneesche), die Manegen
der **Mangel,** die Mängel; mangelhaft; mangels Beweisen
die **Manieren** (Umgangsformen; Mehrzahl); manierlich
der **Mann,** die Männer; das Männchen; männlich
die **Mannschaft,** die Mannschaften
der **Mantel,** die Mäntel
die **Mappe,** die Mappen
das **Märchen,** viele Märchen
der **Marder,** viele Marder
die **Margarine**
die **Margerite,** die Margeriten

der **Marienkäfer**
die **Marionette,** die Marionetten; das Marionettentheater
die **Marke,** die Marken
markieren; die Markierung
der **Markt,** die Märkte
die **Marroni** (oder Maroni); viele Marroni
der **Marsch,** die Märsche; marschieren
der **März**
das **Marzipan**
die **Masche,** die Maschen
die **Maschine,** die Maschinen; maschinell
die **Masern**

die **Maske,** die Masken; maskieren
das **Maskottchen,** die Maskottchen

ich **mass** (→ messen)
das **Mass,** die Masse
die **Massage** (sprich: Massaasche)
die **Masse,** die Massen; massenhaft; die Massenmedien
massieren
mässig; (sich) mässigen
massiv
masslos
die **Massnahme,** die Massnahmen
der **Massstab,** die Massstäbe
der **Mast,** die Masten (oder Maste)
der **Match** (sprich: Matsch), die Matche oder Match(e)s
das **Material,** die Materialien
die **Mathematik;** mathematisch
die **Matratze,** die Matratzen
der **Matrose,** die Matrosen
matt, matter, am mattesten
die **Mauer,** die Mauern; mauern
das **Maul,** die Mäuler; maulen
der **Maulwurf,** die Maulwürfe
der **Maurer,** viele Maurer
die **Maus,** die Mäuse; das Mäuschen; mäuschenstill
der **Mäusebussard**
maximal; das Maximum
die **Mayonnaise** (oder Majonäse)
Mazedonien (oder Makedonien); der Mazedonier; die Mazedonierin; mazedonisch

M

der **Mechaniker,** viele Mechaniker; die Mechanikerin; mechanisch; der Mechanismus
meckern
die **Medaille** (sprich: Medalje), die Medaillen
das **Medikament,** die Medikamente
die **Medizin;** medizinisch
das **Meer,** die Meere
das **Meerschweinchen**
das **Mehl;** mehlig
mehr; mehrere; mehrfach
das **Mehrfamilienhaus**
die **Mehrheit**
mehrmals
die **Mehrzahl**
meiden, ich **mied,** gemieden
mein, meine
meinen, ich meine es ernst
meinetwegen
die **Meinung,** die Meinungen
die **Meise,** die Meisen

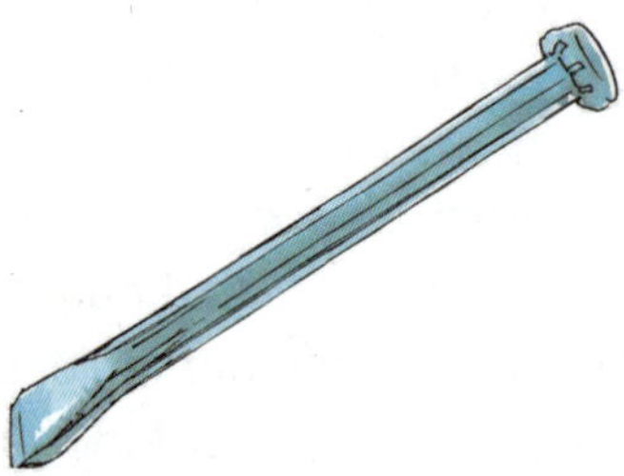

der **Meissel,** viele Meissel

meist; am meisten; meistens
der **Meister,** viele Meister; meisterhaft; die Meisterin; die Meisterschaft
melden; die Meldung
melken, du melkst, ich **melkte** (oder **molk**), gemolken (oder gemelkt); die Melkmaschine
die **Melodie,** die Melodien
die **Melone,** die Melonen
die **Menagerie** (Tierschau; sprich: Menascherii), die Menagerien
die **Menge,** die Mengen
der **Mensch,** die Menschen; die Menschheit; menschlich
das **Menü** (oder Menu), die Menüs
merci (danke; sprich: merssi)
die (oder das) **Meringue** (sprich: Mereng), die Meringues
merken
das **Merkmal,** die Merkmale
merkwürdig
die **Messe,** die Messen
messen, du misst, ihr messt, ich **mass,** gemessen
das **Messer,** viele Messer
das **Messing**
das **Metall,** die Metalle; metallen; metallisch
der **Meter** (m), drei Meter; meterlang; das Metermass

die **Methode,** die Methoden
metzgen; der Metzger; die Metzgerei
miauen, die Katze hat miaut
mich, siehst du mich?
ich **mied** (→ meiden)
die **Miene** (Gesichtsausdruck), die Mienen, keine Miene verziehen
mies, ein mieses Gefühl
die **Miete;** mieten; der Mieter; die Mieterin; der Mietzins
das **Mikrofon,** die Mikrofone
das **Mikroskop,** die Mikroskope; mikroskopieren
die **Milch;** milchig; die Milchzähne
mild; die Milde; mildern
das **Militär;** militärisch
der **Millimeter** (mm), drei Millimeter
die **Million,** die Millionen; der Millionär; die Millionärin
die **Minderheit,** die Minderheiten
minderjährig
mindestens
die **Mine** (Bleistiftmine, Kohlenmine, Sprengkörper), die Minen
das **Mineralwasser**
minimal; das Minimum
minus (weniger)
die **Minute** (Min.), die Minuten
mir, das gehört mir

mischen; die Mischung
der **Misserfolg,** die Misserfolge
das **Missgeschick,** die Missgeschicke
missglücken, es missglückt
misshandeln, du misshandelst; die Misshandlung
misslingen, es **misslang,** misslungen
misstrauen, du misstraust; das Misstrauen; misstrauisch
das **Missverständnis,** die Missverständnisse
missverstehen, ich **missverstand** ihn
der **Mist;** misten; der Misthaufen
mit; miteinander
das **Mitglied,** die Mitglieder
mitkommen
der **Mitlaut,** die Mitlaute (z.B. b, f, s)
das **Mitleid;** mitleidig
mitnehmen
der **Mittag,** die Mittage, am Mittag; heute Mittag; das Mittagessen; mittäglich; mittags
die **Mitte**
mitteilen; die Mitteilung
das **Mittel,** viele Mittel
das **Mittelalter;** mittelalterlich
mittelmässig
das **Mittelmeer**

das **Mittelwort** (Partizip; z.B. lachend, gelesen, gekommen)
mitten im Zimmer; mittendrin
die **Mitternacht;** mitternächtlich
mittlere, das mittlere Zimmer
der **Mittwoch;** mittwochs
mixen; der Mixer; die Mixtur

das **Möbel,** viele Möbel; möblieren
ich **mochte** (→ mögen)
die **Mode,** die Moden
das **Modell,** die Modelle
modellieren
modern
mogeln (betrügen)
mögen, du magst, ihr mögt, ich **mochte,** gemocht
möglich, alles Mögliche; die Möglichkeit
der **Mohn;** die Mohnblume
die **Molkerei,** die Molkereien
mollig

der **Moment,** die Momente; momentan
der **Monat,** die Monate; monatelang; monatlich
der **Mönch,** die Mönche
der **Mond;** mondhell; der Mondschein
das **Monster,** viele Monster; das Monstrum, die Monstren
der **Montag;** montags
Montenegro; der Montenegriner; die Montenegrinerin
der **Monteur** (sprich: Montör), die Monteure; die Monteurin
montieren
die **Moonboots** (Schneestiefel; sprich: Muuunbuuts; Mehrzahl)
das **Moor,** die Moore
das **Moos,** die Moose; moosig
der **Mord,** die Morde; morden; der Mörder; die Mörderin
morgen (am Tag nach heute), morgen früh, morgen Mittag, morgen Abend, bis morgen!
der **Morgen** (Vormittag), viele Morgen, am Morgen; heute Morgen; morgendlich; das Morgenessen; morgens
morsch, morsches Holz
das **Morsealphabet;** morsen
das **Mosaik,** die Mosaike(n)

die **Moschee,** die Moscheen
der **Moslem** (oder Muslim; Anhänger des Islams), die Moslems; die Muslime (oder Muslimin)
der **Most;** mosten; die Mosterei
der **Motor,** die Motoren; das Motorboot; das Motorrad
die **Motte** (Schabe), die Motten
die **Möwe,** die Möwen
der **MP3-Player** (Musikabspielgerät)
die **Mücke,** die Mücken
mucksmäuschenstill
müde; die Müdigkeit
das **Müesli,** viele Müesli
muffig, es roch muffig

die **Mühe;** mühelos
muhen, die Kuh muht
die **Mühle,** die Mühlen
mühsam
die **Mulde,** die Mulden
der **Müll;** die Müllabfuhr
der **Müller,** viele Müller; die Müllerin
der **Mumps** (oder Mumpf)
der **Mund,** die Münder; die Mundart; munden
münden
die **Mundharmonika,** die Mundharmonikas
mündlich
die **Mündung,** die Mündungen
munter; die Munterkeit
die **Münze,** die Münzen
mürbe; der Mürbeteig
murmeln
das **Murmeltier**
murren; mürrisch
das **Mus** (Brei)
die **Muschel,** die Muscheln
das **Museum,** die Museen
die **Musik;** musikalisch; musizieren
der **Muskel,** die Muskeln
müssen, du musst, ich musste, gemusst
müssig; der Müssiggang
das **Muster,** viele Muster

der **Mut;** mutig; mutlos

die **Mutter,** die Mütter (aber: die [Schrauben-]Muttern); mütterlich; mutterseelenallein; die Muttersprache

die **Mütze,** die Mützen

mysteriös (geheimnisvoll)

N

der **Nabel,** viele Nabel

nach, nach Hause (oder nachhause)

nachahmen

der **Nachbar,** die Nachbarn; die Nachbarin; die Nachbarschaft

nachdem, je nachdem

nachdenken; nachdenklich

nacheinander

nacherzählen; die Nacherzählung

der **Nachfolger,** viele Nachfolger; die Nachfolgerin

nachgeben; nachgiebig sein

nachher

nachholen

der **Nachkomme,** die Nachkommen; die Nachkommenschaft

nachlässig; die Nachlässigkeit

der **Nachmittag,** die Nachmittage, am Nachmittag; heute Nachmittag; nachmittags

die **Nachnahme** (bei der Post)

der **Nachname** (z.B. Müller)

die **Nachricht,** die Nachrichten

nachschlagen, ich schlage im Lexikon nach

nächste, nächstes Mal

nächstens
die **Nacht,** die Nächte; heute Nacht
der **Nachteil,** die Nachteile
das **Nachtessen**
die **Nachtigall,** die Nachtigallen
nächtlich
nachträglich (später, hinterher)
nachts
der **Nachttisch**
der **Nachwuchs**
der **Nachzügler;** die Nachzüglerin

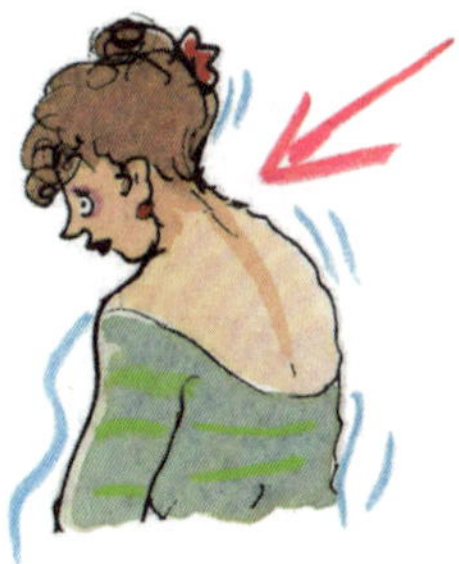

der **Nacken,** viele Nacken
nackt; die Nacktheit
die **Nadel,** die Nadeln; der Nadelbaum; das Nadelöhr
der **Nagel,** die Nägel; nageln
nagen; das Nagetier
nah (oder nahe), näher, am nächsten; die Nähe
nähen
sich **nähern**

ich nahm (→ nehmen)
die **Nähmaschine**
nähren
nahrhaft
die **Nährstoffe** (Mehrzahl)
die **Nahrung;** das Nahrungsmittel
die **Naht,** die Nähte; nahtlos
naiv (treuherzig)
der **Name,** die Namen
das **Namenwort** (Nomen), die Namenwörter
nämlich
ich nannte (→ nennen)
die **Narbe,** die Narben; narbig
der **Narr,** die Narren; narrensicher; die Närrin; närrisch
die **Narzisse,** die Narzissen
naschen; naschhaft
die **Nase,** die Nasen; naseweis
nass, nasser, am nassesten (oder nässer, am nässesten); die Nässe; nasskalt
das **Nastuch,** die Nastücher
die **Nation** (Volk), die Nationen; national; die Nationalität
die **Natur**
natürlich
der **Naturschutz;** der Naturschützer; die Naturschützerin
der **Nebel,** viele Nebel; das Nebelmeer

neben; nebenan; nebenbei; nebeneinander
die **Nebensache;** nebensächlich
neblig
das **Necessaire** (Täschchen; sprich: Nessessär), die Necessaires
necken; die Neckerei; neckisch
der **Neffe,** die Neffen
negativ; das Negativ einer Foto
nehmen, du nimmst, ihr nehmt, ich **nahm,** genommen, nimm!
der **Neid;** neidisch
neigen; die Neigung
nein, Nein sagen (oder nein sagen); das Nein
die **Nelke,** die Nelken
nennen, ich **nannte,** genannt
die **Neonröhre**
der **Nerv,** die Nerven; nerven, es nervt ihn
nervös; die Nervosität
das **Nest,** die Nester; das Nesthäkchen
nett; die Nettigkeit
das **Netz,** die Netze
neu; etwas Neues; neuartig
der **Neubau,** die Neubauten
Neuenburg (oder Neuchâtel)
neuerdings
die **Neugier** (oder Neugierde); neugierig
die **Neuheit;** die Neuigkeit
das **Neujahr**
neulich (vor kurzem)
neun, um halb neun; neunmal; neunzehn; neunzig
neutral; die Neutralität
nicht
die **Nichte,** die Nichten
nichts, gar nichts
das **Nichtschwimmerbecken**
der **Nichtsnutz,** die Nichtsnutze
nicken
Nidwalden
nie, nie mehr, nie wieder
nieder
niedergeschlagen (traurig)
die **Niederlage,** die Niederlagen
die **Niederlande** (Mehrzahl); niederländisch (holländisch)
der **Niederschlag,** die Niederschläge
niedlich
niedrig
niemals
niemand, niemand anders
die **Niere,** die Nieren
nieseln; der Nieselregen
niesen, du niest, ich **nieste,** geniest; das Niespulver

die **Niete,** die Nieten
der **Nikolaus,** Sankt Nikolaus
das **Nikotin** (Gift in den Zigaretten)

das **Nilpferd,** die Nilpferde
nimmer; der Nimmersatt
du **nimmst,** er nimmt (→ nehmen)
nirgends
nirgendwo
nisten; der Nistkasten
das **Niveau** (sprich: Niwo), die Niveaus
die **Nixe,** die Nixen
noch, noch einmal; nochmals
das **Nomen** (Namenwort), viele Nomen
die **Nonne,** die Nonnen
der **Norden;** nördlich; der Nordpol; nordwärts
nörgeln
normal; die Normalität

Norwegen; der Norweger; die Norwegerin; norwegisch
die **Not,** die Nöte; notdürftig
die **Note,** die Noten
notieren
nötig
die **Notiz,** die Notizen; das Notizheft
notwendig; die Notwendigkeit
der **November**
im **Nu** (sofort)
nüchtern; die Nüchternheit
die **Nudel,** die Nudeln
der **Nuggi** (Schnuller), viele Nuggi
null, null Fehler; die Null, die Nullen
die **Nummer,** die Nummern
nummerieren
nun
nur
die **Nuss,** die Nüsse; der Nussknacker
der **Nüsslisalat**
die **Nüstern** (des Pferdes)
der **Nutzen;** nützen; nützlich

O

die **Oase,** die Oasen
ob
obdachlos; der oder die Obdachlose
oben; obere
die **Oberfläche;** oberflächlich
oberhalb
das **Objekt,** die Objekte; objektiv
obligatorisch
das **Obst;** der Obstbaum
Obwalden
obwohl
die **Occasion,** die Occasionen
der **Ochse,** die Ochsen
ocker (gelbbraun); ockerfarben
öd (oder öde; verlassen, leer)
oder
der **Ofen,** die Öfen
offen; offenbar; offensichtlich
öffentlich; die Öffentlichkeit
offerieren (anbieten)
offiziell
öffnen; die Öffnung
oft, öfter; öfters; oftmals
ohne; ohnehin
die **Ohnmacht;** ohnmächtig
das **Ohr,** die Ohren
das **Öhr,** die (Nadel-)Öhre

der **Ohrclip** (oder Ohr(en)klipp), die Ohrclips
ohrenbetäubend
die **Ohrfeige**
das **Ohrläppchen,** die Ohrläppchen
der **Ohrring**
okay (in Ordnung; sprich: okej)
der **Oktober**
das **Öl,** die Öle; ölen; die Ölheizung; ölig
oliv (olivgrün), ein oliv Pulli
die **Olive,** die Oliven; das Olivenöl
die **Olympiade,** die Olympiaden; die Olympischen Spiele
die **Omelette,** die Omeletten
der **Onkel,** viele Onkel
online (mit dem Internet verbunden, sprich: onläjn)
die **Operation,** die Operationen; der Operationssaal; operieren
das **Opfer,** viele Opfer; opfern
der **Optiker,** viele Optiker; die Optikerin
der **Optimist;** die Optimistin; optimistisch (zuversichtlich)
orange (Farbe; sprich: orangsch), ein oranger Pulli
die **Orange** (sprich: Orangsche), die Orangen
das **Orchester,** viele Orchester
die **Orchidee,** die Orchideen

ordentlich
ordnen
der **Ordner,** viele Ordner
die **Ordnung**
die **Organisation;** organisieren
die **Orgel,** die Orgeln
sich **orientieren;** die Orientierung
das **Original,** die Originale
originell
der **Orkan,** die Orkane
der **Ort,** die Orte
die **Orthografie** (Rechtschreibung)
die **Ortschaft,** die Ortschaften
ortskundig
die **Öse,** die Ösen
der **Osten**
das **Osterei,** die Ostereier
die **Osterglocke**

der **Osterhase**

Ostern
Österreich; der Österreicher; die Österreicherin; österreichisch
östlich; ostwärts
oval; das Oval
der **Ozean,** die Ozeane
das **Ozon;** das Ozonloch

P

	paar (einige), ein paar Tage
das	**Paar** (zwei), die Paare, ein Paar Schuhe (aber: das Pärchen)
ein	**paarmal** (auch: ein paar Mal)
die	**Pacht,** die Pachten; pachten; der Pächter; die Pächterin
das	**Pack,** die Packe (oder Päcke)
das	**Päckchen,** viele Päckchen
	packen; das Packpapier; die Packung

das	**Paddel,** beide Paddel; das Paddelboot; paddeln
das	**Paket,** die Pakete
der	**Palast,** die Paläste
die	**Palme,** die Palmen
	panieren; das Paniermehl
die	**Panik,** die Paniken; panisch
die	**Panne,** die Pannen; das Pannendreieck
der	**Panther** (oder Panter), viele Panther
der	**Pantoffel,** die Pantoffeln
die	**Pantomime** (Gebärdenspiel); der Pantomime; die Pantomimin; pantomimisch
der	**Panzer,** viele Panzer
der	**Papa,** die Papas
der	**Papagei,** die Papageien
die	**Papeterie,** die Papeterien; der Papeterist; die Papeteristin
der	**Papi,** die Papis
das	**Papier,** die Papiere; der Papierkorb
die	**Pappel,** die Pappeln
der	**Paprika**
der	**Papst,** die Päpste; päpstlich
das	**Paradies;** paradiesisch
	parallel; die Parallele
	parat (bereit)
das	**Pärchen,** viele Pärchen
das	**Parfum** (oder Parfüm), die Parfums; die Parfümerie; parfümieren, parfümiert
der	**Park,** die Pärke (oder Parks)
das	**Parkett;** der Parkettboden
	parkieren; der Parkplatz
die	**Partei,** die Parteien; parteiisch
das	**Parterre** (sprich: Partäär)

der **Partner,** viele Partner; die Partnerin
die **Party,** die Partys
der **Pass,** die Pässe
der **Passagier** (sprich: Passaschiir), die Passagiere; die Passagierin
der **Passant,** die Passanten; die Passantin
passen; passend
passieren, es ist passiert
passiv (untätig); die Passivität
die **Pastete,** die Pasteten
der **Pate** (Götti), die Paten
der **Patient** (sprich: Pazient), die Patienten; die Patientin
die **Patin** (Gotte), die Patinnen

die **Patisserie**

die **Patrone,** die Patronen
die **Pauke,** die Pauken
die **Pause,** die Pausen; pausenlos; der Pausenplatz
der **Pavillon** (kleiner Bau; sprich: Pavijon), die Pavillons
der **Pazifik,** der Pazifische Ozean
das **Pech;** pechschwarz; der Pechvogel
das **Pedal,** die Pedale; das Pedalo
peinlich; die Peinlichkeit
die **Peitsche,** die Peitschen; peitschen
der **Pelz,** die Pelze; pelzig
der **Penalty,** die Penaltys
das **Pendel,** viele Pendel; pendeln
die **Pension,** die Pensionen
pensioniert; der oder die Pensionierte
die **Peperoni** (oder der Peperone), viele Peperoni
perfekt; das Perfekt (Zeitform, z.B. ich habe gemacht); die Perfektion
die **Periode;** periodisch
die **Perle,** die Perlen
der **Perron** (Bahnsteig), die Perrons
die **Person,** die Personen
das **Personal;** die Personalform
persönlich; die Persönlichkeit

die **Perücke,** die Perücken
der **Pessimist;** die Pessimistin; pessimistisch (nicht zuversichtlich)
die **Petersilie** (Peterli)
das **Petrol;** das Petroleum; die Petrollampe
petzen
der **Pfad,** die Pfade
der **Pfadfinder,** viele Pfadfinder; die Pfadfinderin; die Pfadi
der **Pfahl,** die Pfähle

die **Pfahlbauer** (Mehrzahl)
das **Pfand,** die Pfänder
die **Pfanne,** die Pfannen
der **Pfarrer,** viele Pfarrer; die Pfarrerin
der **Pfau,** die Pfauen
der **Pfeffer**
die **Pfefferminze;** der Pfefferminztee

die **Pfeife,** die Pfeifen
pfeifen, ich **pfiff,** gepfiffen
der **Pfeil,** die Pfeile; pfeilschnell
das **Pferd,** die Pferde
der **Pfiff,** die Pfiffe; pfiffig
Pfingsten; die Pfingstrose
der **Pfirsich,** die Pfirsiche
die **Pflanze,** die Pflanzen
pflanzen, du pflanzt
das **Pflaster,** viele Pflaster; das Pflästerchen
die **Pflaume,** die Pflaumen
die **Pflege;** pflegen; der Pfleger; die Pflegerin
die **Pflicht,** die Pflichten; pflichtbewusst
der **Pflock,** die Pflöcke
pflücken
der **Pflug,** die Pflüge; pflügen
die **Pforte,** die Pforten
der **Pförtner,** viele Pförtner; die Pförtnerin
der **Pfosten,** viele Pfosten
das **Pfötchen,** viele Pfötchen
die **Pfote,** die Pfoten
pfui!
das **Pfund,** die Pfunde, drei Pfund Mehl; pfundig
pfuschen; die Pfuscherei
die **Pfütze,** die Pfützen
der **Pickel,** viele Pickel

picken

das **Picknick;** picknicken, wir haben gepicknickt

piepen; piepsen

der **Pilger,** viele Pilger; die Pilgerin; pilgern

die **Pille,** die Pillen

der **Pilot,** die Piloten; die Pilotin

der **Pilz,** die Pilze

das **Pingpong,** Pingpong spielen

der **Pinguin,** die Pinguine

pink (leuchtend rosa), ein pink (oder pinkfarbener) Pulli

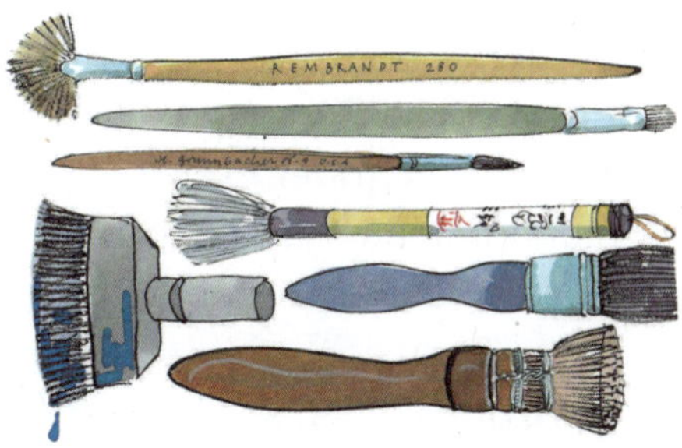

der **Pinsel,** viele Pinsel; pinseln

die **Pinzette** (oder Pincette), die Pinzetten

der **Pirat,** die Piraten; die Piratin

die **Piste,** die Pisten

die **Pistole,** die Pistolen

die **Pizza,** die Pizzas (oder Pizzen); die Pizzeria

die **Plage,** die Plagen; plagen

das **Plakat,** die Plakate

der **Plan,** die Pläne; planen

der **Planet,** die Planeten

das **Planschbecken;** planschen

die **Plantage** (Pflanzung; sprich: Plantaasche), die Plantagen

plappern

die **Plastik** (Bildhauerwerk), die Plastiken

das **Plastik** (Kunststoff); der Plastiksack

das **Plastilin**

plätschern

platt, platter, am plattesten

die **Platte,** die Platten; der Plattenleger; der Plattenspieler

der **Platz,** die Plätze; das Plätzchen

platzen

platzieren

plaudern; die Plaudertasche

pleite, pleite sein; die Pleite

die **Plombe,** die Plomben; plombieren

plötzlich

plump; die Plumpheit

plumpsen, du plumpst

der **Plunder**

plündern; die Plünderung

plus (und)

der **Plüsch;** der Plüschpullover
das **Plusquamperfekt** (Zeitform, z.B. ich hatte gemacht)
der **Pneu** (sprich: Pnöö), die Pneus
der **Podcast** (Tondatei zum Herunterladen)
die **Poesie** (Dichtung); poetisch
der **Pokal,** die Pokale
der **Pol,** beide Pole
der **Pole;** Polen

die **Polenta,** die Polenten
polieren
die **Polin** (Bürgerin von Polen)
die **Politik;** der Politiker; die Politikerin; politisch
die **Polizei;** polizeilich; der Polizeiposten
der **Polizist,** die Polizisten; die Polizistin
der **Pollen** (Blütenstaub), viele Pollen

polnisch
das **Polster,** viele Polster; polstern
poltern
die **Pommes Chips** (sprich: Pomtschips; Mehrzahl)
die **Pommes frites** (sprich: Pomfrit; Mehrzahl)
das **Pony,** die Ponys
das **Popcorn**
die **Popmusik;** der Popstar
populär (bekannt und beliebt)
die **Pore,** die Poren; porös
das **Portemonnaie** (oder Portmonee), die Portemonnaies
der **Portier** (sprich: Portiee), die Portiers
die **Portion,** die Portionen
das **Portmonee** (oder Portemonnaie), die Portmonees
das **Porto** (Postgebühr), die Portos (oder Porti)
das **Porträt** (Bildnis; sprich: Porträ), die Porträts
Portugal; der Portugiese; die Portugiesin; portugiesisch
das **Porzellan**
die **Posaune,** die Posaunen
positiv
die **Post;** das Postauto; der Postcheck
der **Posten,** viele Posten

das (oder der) **Poster**, die Posters
die **Postgebühr**
die **Postkarte**
die **Postleitzahl**
die **Posttaxe,** die Posttaxen
das **Poulet** (sprich: Pule), die Poulets
die **Power** (Stärke, Wucht; sprich: Pauer)
die **Pracht;** prächtig; prachtvoll
prahlen (angeben, bluffen)
der **Praktikant,** die Praktikanten; die Praktikantin; das Praktikum
praktisch
das **Praliné**, die Pralinés
prall, praller, am prallsten
prallen (gegen etwas stossen)
das **Präsens** (Zeitform, z.B. ich mache)
der **Präsident,** die Präsidenten; die Präsidentin
prasseln
das **Präteritum** (Zeitform, z.B. ich **machte**)
die **Praxis,** die (Arzt-)Praxen
präzis; die Präzision
predigen; die Predigt
der **Preis,** die Preise; preiswert
prellen; die Prellung
pressant
die **Presse;** pressen
pressieren
prickeln; prickelnd
der **Priester,** viele Priester; die Priesterin
prima, das sind prima Äpfel
die **Primarschule;** der Primarschüler; die Primarschülerin
primitiv
der **Prinz,** die Prinzen; die Prinzessin
das **Prinzip** (Grundsatz), die Prinzipien; prinzipiell
die **Prise,** zwei Prisen Salz
privat; das Privathaus
pro, pro Stück, pro Stunde
die **Probe,** die Proben; proben
probieren
das **Problem,** die Probleme; problematisch
das **Produkt,** die Produkte; die Produktion; produzieren
der **Professor,** die Professoren; die Professorin
der **Profit,** die Profite; profitieren
die **Prognose,** die Prognosen
das **Programm,** die Programme; programmieren
das **Projekt,** die Projekte
der **Projektor,** die Projektoren
prompt
der **Propeller,** viele Propeller

der **Prophet** (sprich: Profeet), die Propheten; die Prophetin; prophezeien

der **Prospekt,** die Prospekte

prost! (oder prosit!); prosten

der **Protest,** die Proteste

der **Protestant,** die Protestanten; die Protestantin; protestantisch

protestieren

das **Protokoll,** die Protokolle; protokollieren

protzen (prahlen); protzig

der **Proviant**

die **Provinz,** die Provinzen

die **Provokation;** provozieren

das **Prozent** (%), die Prozente, fünf Prozent

der **Prozess,** die Prozesse

die **Prozession,** die Prozessionen

prüfen; die Prüfung

der **Prügel** (Stock), viele Prügel

die **Prügel** (Schläge; Mehrzahl); die Prügelei; prügeln

das **Publikum**

der **Pudding,** die Puddings (oder Puddinge)

der **Pudel,** viele Pudel; pudelnass

der **Puder**; pudern

der **Pulli,** die Pullis

der **Pullover,** viele Pullover

der **Puls,** die Pulse; der Pulsschlag

das **Pult,** die Pulte

das **Pulver,** viele Pulver

die **Pumpe,** die Pumpen; pumpen

der **Punk** (sprich: Pank oder Pönk), die Punks; die Punkmusik

der **Punkt,** die Punkte

pünktlich; die Pünktlichkeit

die **Pupille,** beide Pupillen

die **Puppe,** die Puppen; das Puppenhaus; die Puppenstube

der **Purzelbaum**

purzeln

putzen, du putzt; die Putzfrau

das **Puzzle** (sprich: Pasl), die Puzzles

das **Pyjama** (sprich: Pischama), die Pyjamas

die **Pyramide,** die Pyramiden

Q

das **Quadrat,** die Quadrate; quadratisch
der (oder das) **Quai** (Uferstrasse; sprich: Kää), die Quais
quaken, die Ente quakt
die **Qual,** die Qualen; quälen
die **Qualität,** die Qualitäten
die **Qualle,** die Quallen
der **Qualm;** qualmen
qualvoll
das **Quantum** (Menge)
der **Quark**
das **Quartal,** die Quartale
das **Quartett,** die Quartette
das **Quartier,** die Quartiere
der **Quarz;** die Quarzuhr
der **Quatsch;** quatschen
das **Quecksilber**
die **Quelle,** die Quellen
quellen, es quillt, es **quoll**, es ist gequollen
die **Quengelei;** quengeln
quer; die Quere; querfeldein
der **Querschnitt;** querschnittgelähmt
quetschen; die Quetschung
quicklebendig
quieken, das Ferkel quiekt
quietschen; quietschvergnügt
es **quillt** (→ quellen)
der **Quirl,** die Quirle; quirlig
quitt, wir sind quitt
die **Quitte,** die Quitten
quittieren; die Quittung
das **Quiz** (sprich: Quis), viele Quiz; der Quizmaster; die Quizmasterin
es **quoll** (→ quellen)

Q

R

der **Rabatt** (Preisabzug), die Rabatte
der **Rabe,** die Raben
die **Rache;** (sich) rächen
der **Rachen** (Mundhöhle), die Rachen
das **Rad,** die Räder
das (oder der) **Radar;** die Radarkontrolle

radieren; der Radiergummi
das **Radieschen,** viele Radieschen
radikal
das **Radio,** die Radios; der Radio(apparat)
das **Räf** (Traggestell), die Räfe
die **Raffel,** die Raffeln; raffeln
raffen; die Raffgier; raffgierig
raffiniert

der **Rahm**
der **Rahmen,** viele Rahmen
die **Rakete,** die Raketen
rammen
die **Rampe,** die Rampen
die **Ranch** (Farm; sprich: Räntsch), die Ranch(e)s
der **Rand,** die Ränder
die **Rande,** die Randen
der **Randstein**
ich **rang** (→ ringen)
der **Rang,** die Ränge
rangieren (sprich: rangschii-ren); die Rangierlokomotive
die **Ranke,** die Ranken; sich ranken
es **rann** (→ rinnen)
ich **rannte** (→ rennen)
ranzig, ranzige Butter
der **Rap** (Musikrichtung); der Rapper; die Rapperin
der **Rappe** (schwarzes Pferd), die Rappen
der **Rappen** (Rp.), fünf Rappen
rasch, rascher, am raschesten
rascheln
rasen, du rast; der Raser
der **Rasen,** viele Rasen; der Rasenmäher
der **Rasierapparat**
rasieren

die **Rasse,** die Rassen
die **Rassel,** die Rasseln; rasseln
rassig
die **Rast;** rasten; die Raststätte
der **Rat** (Ratschlag), die Ratschläge
raten, du rätst, er rät, ihr ratet, ich riet, geraten
ratlos
Rätoromanisch (eine Sprache)
der **Ratschlag,** die Ratschläge
das **Rätsel,** viele Rätsel; rätselhaft
die **Ratte,** die Ratten
rattern
rau, rauer, am rau(e)sten
der **Raub;** rauben
der **Räuber,** viele Räuber; die Räuberin; räuberisch
das **Raubtier;** der Raubvogel
der **Rauch;** rauchen; räuchern
raufen; die Rauferei
der **Raum,** die Räume
räumen
die **Raupe,** die Raupen
der **Raureif**
rauschen
das **Rauschgift**
sich **räuspern;** das Räuspern
die **Ravioli** (Mehrzahl)
reagieren; die Reaktion
die **Realschule** (Sek B)

der **Rebberg**
die **Rebe,** die Reben; der Rebstock
rechen; der Rechen
das **Rechenbuch;** das Rechenheft
die **Rechenmaschine**
rechnen; das Rechnen
die **Rechnung,** die Rechnungen
recht, du hast recht (oder: Recht); es ist recht
das **Recht,** die Rechte; im Recht sein
das **Rechteck,** die Rechtecke; rechteckig
rechts
der **Rechtsanwalt,** die Rechtsanwälte; die Rechtsanwältin
die **Rechtschreibung**
der **Rechtshänder;** die Rechtshänderin; rechtshändig
rechtzeitig
das **Reck,** die Recke (oder Recks)
sich **recken;** die Reckstange
das **Recycling** (Wiederverwendung von Materialien; sprich: Risäjkling)
die **Redaktion**
der **Redaktor,** die Redaktoren; die Redaktorin
die **Rede,** die Reden
reden; der Redner; die Rednerin

die **Reform,** die Reformen
reformiert; die Reformierten
das **Regal** (Gestell), die Regale
die **Regel,** die Regeln; regelmässig; regeln; regelwidrig
sich **regen**
der **Regen;** der Regenbogen; das Regenwetter; der Regenwurm
regieren; die Regierung
der **Regisseur** (sprich: Reschissör), die Regisseure; die Regisseurin
regnen, es regnet; regnerisch
die **Regung;** regungslos
das **Reh,** die Rehe; das Rehkitz
reiben, ich **rieb,** gerieben; die Reibung; reibungslos
reich
reichen, es reicht mir
der **Reichtum,** die Reichtümer
reif
der **Reif** (Raureif)
der **Reif** (Ring), die Reife
reifen (reif werden)
der **Reifen** (Ring; Pneu), viele Reifen; die Reifenpanne
reiflich, überlege es dir reiflich!
die **Reihe,** die Reihen
das **Reiheneinfamilienhaus**
die **Reihenfolge**
der **Reim,** die Reime; reimen

rein; das Reinheft
reinigen; die Reinigung
der **Reis**
die **Reise,** die Reisen; reisefertig
reisen, du reist nach Bern; der oder die Reisende
das **Reisig** (trockenes Kleinholz)
reissen, du reisst an der Schnur, ich **riss,** gerissen
der **Reissnagel**

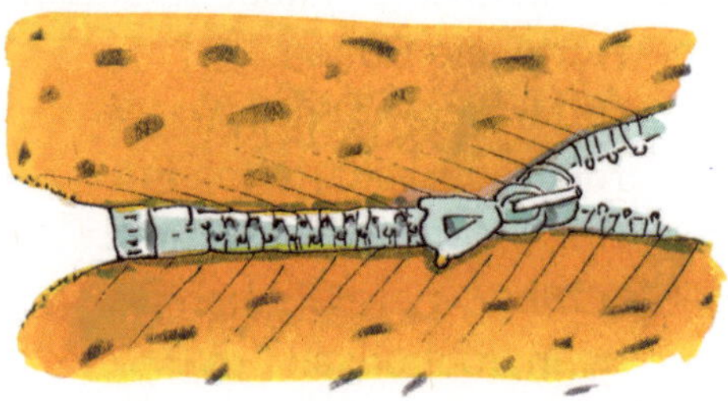

der **Reissverschluss**
reiten, ich **ritt,** geritten; der Reiter; die Reiterin
der **Reiz,** die Reize; reizen; reizend
die **Reklamation,** die Reklamationen
die **Reklame,** die Reklamen
reklamieren
der **Rekord,** die Rekorde
relativ (verhältnismässig)
die **Religion,** die Religionen; der Religionsunterricht; religiös

R

rennen, ich rannte, gerannt; das Rennen
die **Renovation;** renovieren
die **Rente,** die Renten
das **Rentier,** die Rentiere
der **Rentner,** viele Rentner; die Rentnerin
die **Reparatur;** reparieren
repetieren; die Repetition
die **Reportage** (sprich: Reportaa-sche), die Reportagen
der **Reporter,** viele Reporter; die Reporterin
das **Reptil,** die Reptilien
die **Republik,** die Republiken
die **Reserve,** die Reserven
reservieren
das **Reservoir** (sprich: Reserwuar), die Reservoire
der **Respekt;** respektieren
der **Rest,** die Reste (oder Resten)
das **Restaurant** (sprich: Resto-rang), die Restaurants
restlich; restlos
das **Resultat,** die Resultate
retour (sprich: retur); das Re-tourbillett
retten; der Retter; die Retterin; die Rettung; das Rettungsboot
die **Reue;** reuen; reumütig
die **Reuss** (Fluss)

das **Revier,** die Reviere
die **Revolution;** revolutionär
der **Revolver,** viele Revolver
das **Rezept,** die Rezepte
der **Rhabarber**
der **Rhein** (Fluss)
das **Rheuma;** der Rheumatismus
die **Rhone** (Fluss)
die **Rhythmik;** rhythmisch
der **Rhythmus,** die Rhythmen
richten; der Richter; die Richterin
richtig
die **Richtung,** die Richtungen
ich rieb (→ reiben)
riechen, ich roch, gerochen
das **Ried,** die Riede
ich rief (→ rufen)
die **Riege,** die (Mädchen-)Riegen
der **Riegel,** viele Riegel; das Riegelhaus
der **Riemen,** viele Riemen
der **Riese,** die Riesen
rieseln
riesengross; riesig; die Riesin
ich riet (→ raten)
die **Rille,** die Rillen
das **Rind,** die Rinder
die **Rinde,** die (Baum-)Rinden
der **Ring,** die Ringe; (sich) ringeln
ringen, ich rang, gerungen

	rings; ringsherum; ringsum
die	**Rinne,** die Rinnen
	rinnen, es rann, geronnen
das	**Rinnsal,** die Rinnsale
die	**Rippe,** die Rippen
das	**Risiko,** die Risiken
	riskant; riskieren
der	**Risotto,** die Risottos
ich	riss (→ reissen)
der	**Riss,** die Risse; rissig
ich	ritt (→ reiten)
der	**Ritt,** die Ritte
der	**Ritter,** viele Ritter; ritterlich
die	**Ritze,** die Ritzen; ritzen
der	**Rivale,** die Rivalen; die Rivalin
die	**Robbe,** die Robben

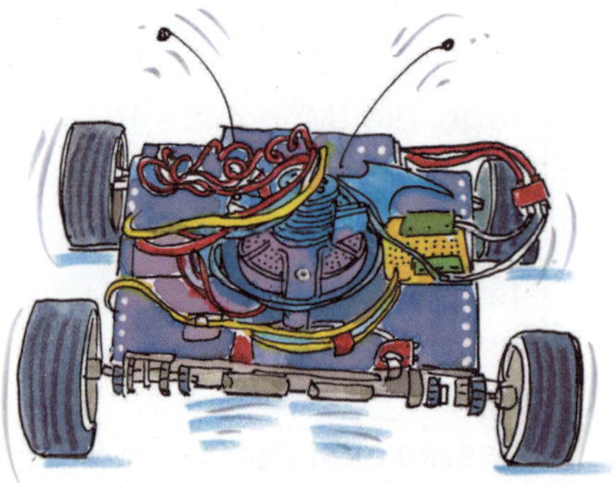

der	**Roboter,** viele Roboter
ich	roch (→ riechen)
	röcheln, ich röchle, du röchelst
der	**Rock,** die Röcke
die	**Rockmusik;** der Rock'n'Roll
	roden; die Rodung
der	**Roggen;** das Roggenbrot
	roh, roher, am roh(e)sten; der Rohbau; die Rohheit
das	**Rohr,** die Rohre
die	**Röhre,** die Röhren
das	**Rollbrett,** Rollbrett fahren
die	**Rolle,** die Rollen; rollen

die	**Rollerblades** (Mehrzahl) (Rollschuhe, sprich: Rollerblejds)
der	**Rollladen,** die Rollläden
der	**Rollschuh,** Rollschuh laufen
der	**Roman,** die Romane
der	**Römer,** viele Römer; die Römerin; römisch
	röntgen; das Röntgenbild
	rosa, ein rosa Pulli; rosarot
die	**Rose,** die Rosen; der Rosenkohl

die **Rosine,** die Rosinen
das **Ross** (Pferd), die Rosse
der **Rost;** rosten
rösten
die **Rösti**
rostig
rot, röter, am rötesten; das Rote Kreuz; rotbackig
rotieren
das **Rotkehlchen,** die Rotkehlchen
rötlich
die **Rübe,** die Rüben
der **Ruck,** die Rucke; ruckartig
rücken, du rückst zu mir
der **Rücken,** viele Rücken
die **Rückfahrt**
das **Rückgrat,** die Rückgrate
die **Rückkehr**
rücklings
der **Rucksack**
die **Rücksicht,** die Rücksichten; rücksichtslos; rücksichtsvoll
rückwärts; der Rückwärtsgang
der **Rüde,** die Rüden
das **Rudel,** viele Rudel; rudelweise
das **Ruder,** beide Ruder; das Ruderboot; rudern
der **Ruf,** die Rufe
rufen, ich rief, gerufen
die **Ruhe;** ruhen; ruhig
der **Ruhm;** rühmen

rühren; rührend; die Rührung
die **Ruine,** die Ruinen
ruinieren (zugrunde richten)
rülpsen
der **Rumäne;** Rumänien; die Rumänin; rumänisch
der **Rummel;** der Rummelplatz
rumoren
rumpeln
rümpfen, du rümpfst die Nase
rund, runder, am rundesten; die Runde; die Rundfahrt
rundherum
rundlich
die **Runzel,** die Runzeln; runzeln; runz(e)lig
der **Rüpel,** viele Rüpel; rüpelhaft
rupfen
der **Russ** (von der Flamme)
der **Russe** (Bürger von Russland)

der **Rüssel,** viele Rüssel

R

russen; russig (voll Russ)
die **Russin;** russisch; Russland
rüsten
rüstig
die **Rüstung,** die Rüstungen
die **Rute,** die Ruten

die **Rutschbahn**
rutschen, du rutschst; rutschig
rütteln

S

der **Saal,** die Säle
die **Saat,** die Saaten
die **Sabotage** (absichtliche Zerstörung; sprich Sabotaasche); sabotieren
die **Sache,** die Sachen; sachlich
sächlich, ein sächliches Nomen
sacht, sachte (fein, behutsam)
der **Sack,** die Säcke; die Sackgasse
säen, du säst
die **Safari,** die Safaris
der **Safe** (sprich: Sejf), die Safes
der **Saft,** die Säfte; saftig
die **Sage,** die Sagen
die **Säge,** die Sägen
sagen, du sagst, gesagt
sägen
sagenhaft
ich **sah** (→ sehen)
die **Saison** (sprich: Säsong), die Saisons
die **Saite** (auf der Geige), die Saiten (aber: die Seite im Buch)
der **Salamander,** viele Salamander
der **Salami,** viele Salami
der **Salat,** die Salate; der Salatkopf

die **Salbe,** viele Salben; salben
der **Salto,** die Saltos (oder Salti)
das **Salz;** salzen; salzig
der **Samariter;** die Samariterin
der **Samen**, viele Samen
der **Samichlaus,** die Samichläuse
sammeln, ich sammle, du sammelst; die Sammlung
der **Samstag,** die Samstage; samstags
samt (mit), samt allen Tieren
der **Samt;** samten (aus Samt)
sämtliche (alle)
der **Sand**

die **Sandale,** die Sandalen
sandig
ich **sandte** (→ senden)
das **Sandwich** (sprich: Sändwitsch), die Sandwich(e)s
sanft, sanfter, am sanftesten
ich **sang** ein Lied (→ singen)

der **Sänger,** viele Sänger; die Sängerin; sang- und klanglos
der **Sanitär,** die Sanitäre; die Sanitärin; der Sanitär-Installateur
die **Sanität**
ich **sank** zu Boden (→ sinken)
Sankt Gallen (St. Gallen)
die **Sardine,** die Sardinen
der **Sarg,** die Särge
ich **sass** (→ sitzen)
der **Satellit,** die Satelliten
satt, satter, am sattesten
der **Sattel,** die Sättel; sattelfest
sättigen
der **Satz,** die Sätze; das Satz(schluss)zeichen
die **Sau,** die Säue (oder Sauen)
sauber, sauberer, am saubersten; die Sauberkeit
säuberlich; säubern
die **Sauce** (oder Sosse), die Saucen
sauer, saurer, am sauersten
das **Sauerkraut**
säuerlich
der **Sauerstoff**
saufen, du säufst, ihr sauft, er **soff**, gesoffen; der Säufer
saugen, du saugst, ich **sog**, gesogen (oder **saugte**, gesaugt)

S

säugen; das Säugetier
der **Säugling,** die Säuglinge
die **Säule,** die Säulen
der **Saum,** die Säume; säumen
die **Sauna,** die Saunas (oder Saunen)
die **Säure,** die Säuren
der **Saurier,** viele Saurier
säuseln
sausen, du saust, ich **sauste**
das **Saxophon,** die Saxophone
die **S-Bahn** (Schnellbahn)
schaben; der Schaber
der **Schabernack**
schäbig
die **Schablone,** die Schablonen
das **Schach;** schachmatt
der **Schacht,** die Schächte
die **Schachtel,** die Schachteln
schade, o wie schade!
der **Schädel,** viele Schädel
schaden; der Schaden, die Schäden
die **Schadenfreude;** schadenfroh
schädlich; der Schädling, die Schädlinge
das **Schaf,** die Schafe
der **Schäfer,** viele Schäfer; der Schäferhund; die Schäferin
schaffen, du schaffst es
Schaffhausen

der **Schal,** die Schals
die **Schale,** die Schalen; schälen
der **Schall;** schalldicht; schallen; die Schallplatte
ich **schalt** (→ schelten)
schalten; der Schalter
die **Scham;** sich schämen
die **Schande;** schändlich
die **Schanze,** die Schanzen
die **Schar,** die Scharen
scharf, schärfer, am schärfsten
die **Schärfe;** schärfen; die Schärfung
der **Scharlach;** scharlachrot

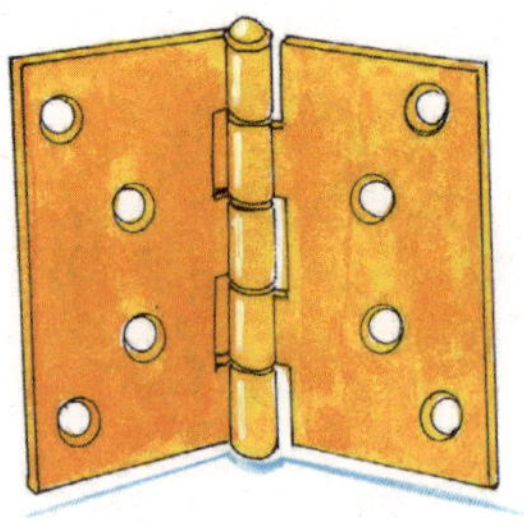

das **Scharnier,** die Scharniere
scharren
der **Schatten,** viele Schatten; schattig
der **Schatz,** die Schätze
schätzen, du schätzt
die **Schätzung;** schätzungsweise

S

die **Schau,** die Schauen
der **Schauder;** schauderhaft
schauen
der **Schauer;** schauerlich
die **Schaufel,** die Schaufeln; schaufeln
das **Schaufenster**
die **Schaukel,** die Schaukeln; schaukeln
der **Schaum;** schäumen; der Schaumgummi; schaumig
schaurig
der **Schauspieler,** viele Schauspieler; die Schauspielerin
der **Scheck** (oder Check), die Schecks
die **Scheibe,** die Scheiben; der Scheibenwischer
scheiden, ich **schied,** geschieden; die Scheidung
der **Schein;** scheinbar
scheinen, es **schien,** geschienen
der **Scheinwerfer**
das **Scheit,** die Scheite(r)
der **Scheitel,** viele Scheitel
scheitern
die **Schelle,** die Schellen; schellen
der **Schelm,** die Schelme; schelmisch

schelten, du schiltst, ihr scheltet, ich **schalt,** gescholten
das **Schema,** die Schemas (oder Schemata)
der **Schemel,** viele Schemel
der **Schenkel,** beide Schenkel
schenken, ich **schenkte**
die **Scherbe,** die Scherben
die **Schere,** die Scheren
scheren (Haare schneiden), ich **schor,** geschoren
der **Scherz,** die Scherze; scherzen
scheu (schüchtern); die Scheu
scheuchen, ich scheuche die Katze vom Tisch
scheuen, das Pferd scheut, ich scheue keine Arbeit
die **Scheune,** die Scheunen
das **Scheusal,** die Scheusale
scheusslich; die Scheusslichkeit
der **Schi** (oder Ski), beide Schier
die **Schicht,** die Schichten
schick (elegant)
schicken
das **Schicksal,** die Schicksale
schieben, ich **schob,** geschoben
ich **schied** (→ scheiden)
der **Schiedsrichter;** die Schiedsrichterin

S

schief, das Bild hängt schief
der **Schiefer;** die Schiefertafel
schielen
es **schien** (→ scheinen)
das **Schienbein**
die **Schiene,** die Schienen
schier (fast)
schiessen, ich **schoss,** geschossen
das **Schiff,** die Schiffe; die Schifffahrt; der Schiffbruch
die **Schikane;** schikanieren
das **Schild** (Zeichen), die Schilder
der **Schild** (des Ritters), die Schilde
schildern; die Schilderung

die **Schildkröte**
das **Schilf**
schillern
der **Schimmel,** viele Schimmel
schimmeln; der Schimmelpilz
der **Schimmer;** schimmern
schimmlig
der **Schimpanse,** die Schimpansen
schimpfen, ich **schimpfte,** geschimpft; der Schimpfname
die **Schindel,** die Schindeln
der **Schinken,** viele Schinken
der **Schirm,** die Schirme
die **Schlacht,** die Schlachten
schlachten
der **Schlaf**
schlafen, du schläfst, ihr schlaft, ich **schlief,** geschlafen
schlaff, schlaffer, am schlaffsten
schlaflos
schläfrig
das **Schlafzimmer**
der **Schlag,** die Schläge
schlagen, du schlägst, ihr schlagt, ich **schlug,** geschlagen
der **Schlager,** viele Schlager
die **Schlägerei**
schlagfertig
der **Schlamm;** schlammig
die **Schlamperei;** schlampig
ich **schlang** (→ schlingen)
die **Schlange,** die Schlangen
sich **schlängeln**
schlank, schlanker, am schlanksten; die Schlankheit

schlapp (müde, kraftlos)
das **Schlaraffenland**
schlau, schlauer, am schlau(e)sten
der **Schlauch,** die Schläuche
schlecht; die Schlechtigkeit
schlecken; die Schleckerei
schleichen, ich **schlich,** geschlichen
der **Schleier,** viele Schleier
die **Schleife,** die Schleifen
schleifen (Messer schleifen), ich **schliff,** geschliffen (aber: ich **schleifte** den Sack ins Haus, habe ihn geschleift)
der **Schleim;** schleimig
schlendern; der Schlendrian
schlenkern (schwingen)
schleppen
die **Schleuder,** die Schleudern; schleudern
schleunigst (sofort)
die **Schleuse,** die Schleusen
ich **schlich** (→ schleichen)
schlicht (einfach)
ich **schlief** (→ schlafen)
schliessen, ich **schloss,** geschlossen; das Schliessfach
schliesslich
ich **schliff** (→ schleifen)
schlimm; etwas Schlimmes

die **Schlinge,** die Schlingen
der **Schlingel,** viele Schlingel
schlingen, ich **schlang,** geschlungen; die Schlingpflanze
schlitteln, du schlittelst
der **Schlitten,** viele Schlitten
der **Schlittschuh;** Schlittschuh laufen
der **Schlitz,** die Schlitze; schlitzen
ich **schloss** (→ schliessen)
das **Schloss,** die Schlösser
der **Schlosser,** viele Schlosser
schlottern
die **Schlucht,** die Schluchten
schluchzen, du schluchzt
der **Schluck,** die Schlucke
der **Schluckauf** (Hitzgi)
schlucken
ich **schlug** (→ schlagen)
der **Schlummer;** schlummern
schlüpfen, geschlüpft; schlüpfrig
schlurfen (schleppend gehen)
schlürfen
der **Schluss,** die Schlüsse
der **Schlüssel,** viele Schlüssel
schmächtig
schmackhaft
schmal, schmaler, am schmalsten (oder schmäler, am schmälsten); schmälern

schmarotzen
schmatzen
schmecken, es schmeckte mir
schmeicheln; der Schmeichler; die Schmeichlerin
schmeissen, ich schmiss, geschmissen
schmelzen, es schmilzt, es schmolz, es ist geschmolzen
der **Schmerz,** die Schmerzen; schmerzen; schmerzhaft
der **Schmetterling,** die Schmetterlinge
der **Schmied,** die Schmiede
die **Schmiede** (Werkstatt des Schmieds); schmieden
schmieren; der Schmierfink; schmierig
die **Schminke;** schminken
schmirgeln
ich schmiss (→ schmeissen)
schmökern (blättern, lesen)
es schmolz (→ schmelzen)
schmoren, der Braten schmort
der **Schmuck;** schmücken
schmudd(e)lig
schmuggeln; der Schmuggler; die Schmugglerin
schmunzeln
schmusen, du schmust
der **Schmutz;** schmutzig

der **Schnabel,** die Schnäbel
die **Schnake,** die Schnaken
die **Schnalle,** die Schnallen
schnalzen, du schnalzt
schnappen
der **Schnaps,** die Schnäpse
schnarchen
schnattern
schnauben
schnaufen, du schnaufst
der **Schnauz,** die Schnäuze
die **Schnauze,** die Schnauzen
sich **schnäuzen,** du schnäuzt dich
der **Schnauzer,** viele Schnauzer

die **Schnecke,** die Schnecken
der **Schnee;** der Schneeball; die Schneeflocke; das Schneeglöckchen; schneeweiss
schneiden, ich schnitt, geschnitten
der **Schneider,** viele Schneider; die Schneiderin
schneien, es schneit

S

schnell; der Schnelllauf; die Schnelligkeit; der Schnellzug
schnetzeln
schnippisch (vorlaut, naseweis)
schnipseln
ich schnitt (→ schneiden)
der **Schnitt,** die Schnitte
der **Schnittlauch**
das **Schnitzel,** viele Schnitzel
schnitzen
der **Schnorchel,** viele Schnorchel
schnüffeln; der Schnüffler
der **Schnuller** (Nuggi), viele Schnuller
der **Schnupfen**
schnuppern
die **Schnur,** die Schnüre; schnüren
der **Schnurrbart** (Schnauz)
schnurren
der **Schnürsenkel** (Schuhbändel), beide Schnürsenkel
schnurstracks
ich schob (→ schieben)
der **Schock,** die Schocks; schockieren; schockiert
die **Schokolade,** die Schokoladen
schon
schön; etwas Schönes
schonen
die **Schönheit,** die Schönheiten

die **Schonung;** die Schonzeit
der **Schopf,** die Schöpfe
schöpfen; der Schöpflöffel
die **Schöpfung**
der **Schoppen,** viele Schoppen
ich schor (→ scheren)
der **Schornstein** (Kamin)
ich schoss (→ schiessen)
der **Schoss,** die Schösse
der **Schössling,** die Schösslinge
die **Schote** (Samenhülse), die Schoten
der **Schotte** (Bürger Schottlands)
der **Schotter** (zerkleinerte Steine)
die **Schottin;** schottisch; Schottland
schraffieren; die Schraffur
schräg; die Schräge
die **Schramme,** die Schrammen
der **Schrank,** die Schränke
die **Schranke,** die Schranken
die **Schraube,** die Schrauben; schrauben; der Schraubenzieher
der **Schrebergarten**
der **Schreck,** die Schrecke (oder der Schrecken, viele Schrecken); schrecklich
der **Schrei**, die Schreie
schreiben, ich schrieb, geschrieben

S

die **Schreibmaschine**
schreien, ich **schrie,** geschrien
der **Schreiner,** viele Schreiner; die Schreinerei; die Schreinerin
schreiten, ich **schritt,** geschritten
ich **schrie** (→ schreien)
ich **schrieb** (→ schreiben)
die **Schrift,** die Schriften; schriftlich
der **Schriftsteller,** viele Schriftsteller; die Schriftstellerin
schrill; schrillen
ich **schritt** (→ schreiten)
der **Schritt,** die Schritte
schroff
der **Schrott;** der Schrotthaufen
schrubben; der Schrubber
schrumpfen
der **Schubkarren** (oder die Schubkarre), viele Schubkarren

die **Schublade,** die Schubladen

schubsen (schupfen)
schüchtern
der **Schuft,** die Schufte
schuften (hart arbeiten)
der **Schuh,** die Schuhe; der Schuhbändel; der Schuhmacher; die Schuhmacherin; die Schuhwichse
die **Schuld,** die Schulden
schuld sein, ich bin schuld
schulden
schuldig; schuldlos
die **Schule,** die Schulen
der **Schüler,** viele Schüler; die Schülerin, die Schülerinnen
schulfrei
der **Schulkamerad,** die Schulkameraden; die Schulkameradin
die **Schulter,** beide Schultern
der **Schund**

die **Schuppe,** die (Fisch-)Schuppen
der **Schuppen** (Schopf), viele Schuppen
schüren, du schürst das Feuer
schürfen
die **Schürze,** die Schürzen
der **Schuss,** die Schüsse
die **Schüssel,** die Schüsseln

der **Schuster,** viele Schuster; die Schusterin; schustern
der **Schutt**
schütteln
schütten; der Schüttstein
der **Schutz;** das Schutzblech
schützen, du schützt
schwabb(e)lig

schwach, schwächer, am schwächsten; die Schwäche
schwächlich; der Schwächling
der **Schwager,** die Schwäger; die Schwägerin
die **Schwalbe,** die Schwalben
ich **schwamm** (→ schwimmen)
der **Schwamm,** die Schwämme
der **Schwan,** die Schwäne
ich **schwang** (→ schwingen)
schwanger; die Schwangerschaft
schwanken
der **Schwanz,** die Schwänze; schwänzeln
schwänzen, du schwänzt die Schule
der **Schwarm,** die Schwärme; schwärmen
schwarz, schwärzer, am schwärzesten; der Schwarztee
schwatzen, du schwatzt
schweben, ich **schwebte**
der **Schwede;** Schweden; die Schwedin; schwedisch
der **Schwefel;** schweflig
schweigen, ich **schwieg,** geschwiegen; schweigsam
das **Schwein,** die Schweine
der **Schweiss;** schweissbedeckt
schweissen; der Schweisser

S

die **Schweiz;** der Schweizer; auf Schweizerdeutsch; die Schweizerin; schweizerisch

schwelen, das Feuer **schwelte**

die **Schwelle,** die Schwellen

schwellen, der Knöchel schwillt, er **schwoll,** er ist geschwollen (aber: sie schwellt Kartoffeln, sie **schwellte,** sie hat geschwellt); die Schwellung

schwenken

schwer; schwerfällig; schwerhörig

das **Schwert,** die Schwerter

die **Schwester,** die Schwestern; schwesterlich

ich **schwieg** (→ schweigen)

die **Schwiegereltern** (Schwiegermutter und Schwiegervater)

die **Schwiele,** die Schwielen

schwierig; die Schwierigkeit

das **Schwimmbad,** die Schwimmbäder; das Schwimmbassin

schwimmen, ich **schwamm,** geschwommen

der **Schwimmer;** die Schwimmerin

der **Schwindel;** schwindelfrei

schwindeln

schwinden, es **schwand,** geschwunden

der **Schwindler;** die Schwindlerin

schwindlig

schwingen, ich **schwang,** geschwungen; die Schwingung

schwirren

schwitzen, du schwitzt

es **schwoll** (→ schwellen)

schwören, ich **schwor,** geschworen

schwül; die Schwüle

der **Schwung,** die Schwünge; schwungvoll

der **Schwur,** die Schwüre

Schwyz

die **Science-Fiction** (Zukunftserzählung; sprich: Säjensfikschen)

sechs, um halb sechs; sechsmal; sechzehn; sechzig

der **See,** die Seen

die **See** (das Meer); seekrank

die **Seele,** die Seelen; seelenruhig

der **Seemann,** die Seeleute

das **Segel,** viele Segel; das Segelboot; segeln; das Segelschiff

der **Segen;** segensreich; segnen

sehen, du siehst, sie sieht, ihr seht, ich **sah,** gesehen, sieh einmal!; sehenswert

die **Sehenswürdigkeit**

die **Sehne,** die Sehnen

S

sich **sehnen;** sehnlichst
die **Sehnsucht;** sehnsüchtig
sehr, sehr viel
seicht (untief), seichtes Wasser
seid ihr alle da? (→ sein)
die **Seide;** seiden (aus Seide)

die **Seife,** die Seifen
das **Seil,** die Seile; die Seilbahn
sein, ich bin, du bist, er oder sie ist, wir sind, ihr seid, sie sind, er oder sie **war,** ich bin gewesen, sei still!, seid still!
sein, seine Katze; seinetwegen
seit, seit gestern
seitdem
die **Seite,** die Seiten im Buch
seither
seitlich; seitwärts
der **Sekretär,** die Sekretäre; das Sekretariat; die Sekretärin

die **Sekundarschule**
die **Sekunde** (Sek.), die Sekunden
selber; selbst
der **Selbstlaut,** die Selbstlaute (z.B. a, e, u)
selbstständig (oder selbständig)
selbstverständlich
selig; die Seligkeit
der **Sellerie;** der Selleriesalat
selten; die Seltenheit
seltsam; die Seltsamkeit
die **Semmel,** die Semmeln
senden, ich **sandte** (oder **sendete**) ein Paket, ich habe es gesandt (oder gesendet); das Radio **sendete,** hat gesendet
der **Sender,** viele Sender
die **Sendung,** die Sendungen
der **Senf;** senffarben; die Senftube
der **Senior,** die Senioren
senken, ich **senkte,** gesenkt
senkrecht; die Senkrechte
der **Senn,** die Sennen; der Sennenhund; die Sennerin
die **Sensation;** sensationell
die **Sense,** die Sensen
separat (einzeln, abgesondert)
der **September**
der **Serbe;** Serbien; die Serbin; serbisch

S

die **Serie,** die Serien
seriös (vertrauenswürdig)
der **Servela** (oder Cervelat), die Servelas
der **Service** (sprich: Serwiss)
servieren; die Serviertochter
die **Serviette,** die Servietten
der **Sessel,** viele Sessel
setzen, du setzt, ich **setzte**
der **Setzling,** die Setzlinge
die **Seuche,** die Seuchen
seufzen, du seufzt; der Seufzer
der **Sex;** die Sexualkunde; sexy
das **Shampoo** (sprich: Schampoo)
der **Sheriff** (sprich: Scheriff), die Sheriffs
das **Shoppingcenter** (sprich: Schopping-Senter)
die **Shorts** (sprich: Schorz)
die **Show** (sprich: Schou), die Shows; der Showmaster
sich, er setzt sich
die **Sichel,** die Sicheln
sicher; die Sicherheit; sicherlich; sichern; die Sicherung
die **Sicht;** sichtbar
sickern
sie, sie ist hier, sie sind hier
das **Sieb,** die Siebe; etwas sieben
sieben, um halb sieben; siebenmal; siebzehn; siebzig

siedeln
sieden, es **sott,** gesotten (oder **siedete,** gesiedet)
die **Siedlung,** die Siedlungen
der **Sieg,** die Siege

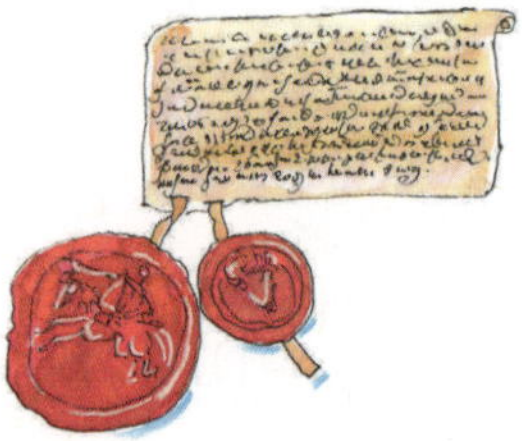

das **Siegel,** viele Siegel
siegen; der Sieger; die Siegerin; siegreich
du **siehst,** er sieht (→ sehen)
siezen (Sie sagen), du siezt
das **Signal,** die Signale; signalisieren
die **Sihl** (Fluss)
die **Silbe,** die Silben; die Silbentrennung
das **Silber;** silbern; silbrig
der (oder das) **Silo,** die Silos
der **Silvester**
der (oder das) **Sims,** die Simse
simulieren, du hast simuliert
wir **sind,** sie sind (→ sein)
singen, ich **sang,** gesungen

sinken, ich **sank,** gesunken
der **Sinn,** die Sinne; sinnlos
die **Sinti und Roma** (Mehrzahl) (korrekt statt Zigeuner)
die **Sintflut**
die **Sirene,** die Sirenen
der **Sirup,** die Sirupe
die **Sitte,** die Sitten
die **Situation,** die Situationen
der **Sitz,** die Sitze
sitzen, du sitzt, ich **sass,** ich habe (oder bin) gesessen
die **Sitzung,** die Sitzungen
die **Skala** (Mass-Einteilung), die Skalen (oder Skalas)
der **Skandal,** die Skandale
das **Skateboard** (Rollbrett; sprich: Skejtbord), die Skateboards
das **Skelett,** die Skelette
der **Ski,** beide Ski (oder Skier), Ski fahren; der Skilift; der Skistock
die **Skizze,** die Skizzen; skizzieren
der **Sklave,** die Sklaven; die Sklavin
der **Slalom,** die Slaloms
der **Slowake;** die Slowakei; die Slowakin; slowakisch
der **Slowene;** Slowenien; die Slo-wenin; slowenisch
der **Slum** (Elendsviertel; sprich: Slam), die Slums

der **Smog** (schmutziger Dunst)
die (oder das) **SMS,** viele SMS (Nachricht am Handy)
das **Snowboard** (sprich: Snoubord)
so; so dass (oder: sodass); so viel wie
sobald
der **Sockel,** viele Sockel

der **Socken** (oder die Socke), beide Socken
soeben
das **Sofa,** die Sofas
sofern
ich **soff** (→ saufen)
sofort
ich **sog** (→ saugen)
sogar
sogenannt (oder so genannt)
sogleich
die **Sohle,** die Sohlen
der **Sohn,** die Söhne

solange (oft: so lange)
die **Solarenergie** (Sonnenenergie)
solch, solche, solcher, solches
der **Soldat,** die Soldaten; die Soldatin
solid (oder solide)
solidarisch (eng verbunden, gemeinsam); die Solidarität
sollen, ich **sollte,** gesollt
Solothurn
der **Sommer,** viele Sommer; sommerlich; die Sommersprossen
sonderbar
sondern
die **Sonne;** sich sonnen; die Sonnenblume; sonnig
der **Sonntag,** die Sonntage; sonntäglich; sonntags
sonst; sonstwie; sonstwo
die **Sorge,** die Sorgen; sorgen
die **Sorgfalt;** sorgfältig; sorglos
die **Sorte,** die Sorten
sortieren
die **Sosse** (oder Sauce), die Sossen

es **sott** (→ sieden)
das **Souvenir** (sprich: Suwenir), die Souvenirs
soviel (meistens: so viel)
soweit (meistens: so weit)
sowie; sowieso
sowohl
sozial; der Sozialarbeiter; die Sozialarbeiterin
der **Spachtel,** viele Spachtel
die **Spaghetti** (oder: Spagetti) (Mehrzahl)
spähen (scharf schauen)
der **Spalt** (Türspalt), die Spalte
die **Spalte,** die Spalten; spalten
der **Span,** die Späne
die **Spange,** die Spangen
Spanien; der Spanier; die Spanierin; spanisch
ich **spann** (→ spinnen)
spannen; spannend
der **Spannteppich**
die **Spannung**
sparen

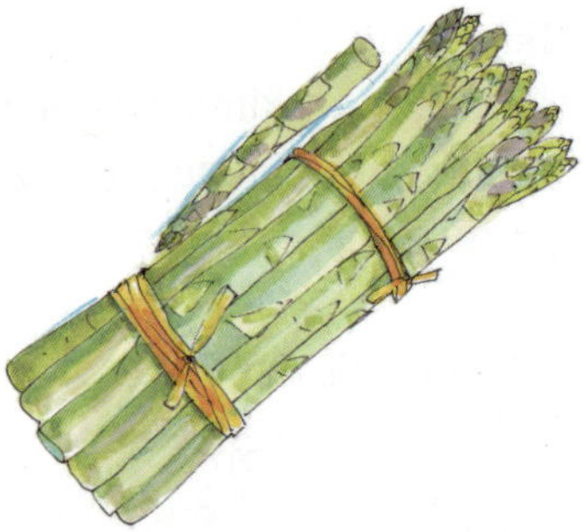

der **Spargel,** die Spargeln
spärlich
sparsam; die Sparsamkeit

der **Spass,** die Spässe; spassen, du spasst; spasshaft
spät; spätabends
der **Spaten,** viele Spaten
spätestens
der **Spatz,** die Spatzen
spazieren, ich bin spaziert; spazieren gehen; der Spaziergang
der **Specht,** die Spechte
der **Speck;** speckig
spedieren; speditiv (rasch)
der **Speer,** die Speere
die **Speiche,** die Speichen
der **Speichel**
der **Speicher,** viele Speicher; speichern
die **Speise,** die Speisen; speisen
die **Spende,** die Spenden; spenden; spendieren
der **Spengler,** viele Spengler; die Spenglerei; die Spenglerin
der **Sperling** (Spatz), die Sperlinge
die **Sperre,** die Sperren; sperren
der **Spezialist;** die Spezialistin
die **Spezialität,** die Spezialitäten
speziell
spicken
der **Spiegel,** viele Spiegel; spiegeln
das **Spiel,** die Spiele
spielen; der Spieler; die Spielerin; der Spielplatz; das Spielzeug
der **Spiess,** die Spiesse
der **Spinat**
die **Spinne,** die Spinnen
spinnen, ich **spann,** gesponnen
das **Spinnennetz**
der **Spion,** die Spione; die Spionage (sprich: Spionaasche); spionieren; die Spionin
die **Spirale,** die Spiralen
das **Spital,** die Spitäler
spitz (oder spitzig); die Spitze
spitzen; der Spitzer
der **Splitter,** viele Splitter; splittern
spontan (von innen heraus)
der **Sport;** der Sportler; die Sportlerin; sportlich; der Sportplatz
der **Spot** (Werbefilm), die Spots
der **Spott;** spotten; spöttisch
ich **sprach** (→ sprechen)
die **Sprache,** die Sprachen; sprachlos
ich **sprang** (→ springen)
der **Spray** (sprich: Sprej), die Sprays; sprayen
sprechen, du sprichst, ihr sprecht, ich **sprach,** gesprochen; das Sprechzimmer

	spreizen, du spreizt
	sprengen; der Sprengstoff
das	**Sprichwort,** die Sprichwörter
	spriessen, es spross, gesprossen
	springen, ich sprang, gesprungen; das Springseil
der	**Sprit** (Brennsprit; Spiritus)
die	**Spritze,** die Spritzen; spritzen
	spröd (oder spröde)
es	spross (→ spriessen)
die	**Sprosse,** die Sprossen
der	**Spruch,** die Sprüche
der	**Sprudel;** sprudeln
	sprühen
der	**Sprung,** die Sprünge
die	**Spucke;** spucken
der	**Spuk;** spuken (geistern)
die	**Spule,** die Spulen; spulen
	spülen; die Spülung
die	**Spur,** die Spuren
	spüren; der Spürhund
	spurlos
der	**Spurt,** die Spurts; spurten
der	**Staat,** die Staaten; staatlich
der	**Stab,** die Stäbe
	stabil; die Stabilität
ich	stach (→ stechen)
der	**Stachel,** die Stacheln; die Stachelbeere; stach(e)lig
das	**Stadion,** die Stadien
die	**Stadt,** die Städte; städtisch
die	**Stafette,** die Stafetten
ich	stahl (→ stehlen)
der	**Stahl;** stählern (aus Stahl)
der	**Stall,** die Ställe; die Stallung
der	**Stamm,** die Stämme
	stammeln
	stammen, er stammt aus Rom
	stampfen
ich	stand (→ stehen)
der	**Stand,** die Stände; der Ständer
	ständig
die	**Stange,** die Stangen
der	**Stängel,** viele Stängel
es	stank (→ stinken)
der	**Stapel,** viele Stapel; stapeln
	stapfen, du stapfst
der	**Star** (Vogel), die Stare
der	(Pop-)**Star,** die Stars
sie	starb (→ sterben)
	stark, stärker, am stärksten; die Stärke; (sich) stärken
	starr (unbeweglich, steif)
	starren (starr hinsehen)
der	**Start,** die Starts; starten
die	**Station,** die Stationen
die	**Statistik,** die Statistiken; statistisch
	statt, statt eines Geschenks, statt dass du lachst; stattdessen

S

die **Stätte** (Ort), die Stätten
stattfinden, es findet statt
die **Statue,** die Statuen
der **Stau,** die Staus (oder Staue)
der **Staub;** staubig; der Staubsauger
der **Staudamm**
die **Staude,** die Stauden
stauen
staunen
das **Steak** (sprich: Stejk), die Steaks
stechen, du stichst, ihr stecht, ich **stach,** gestochen

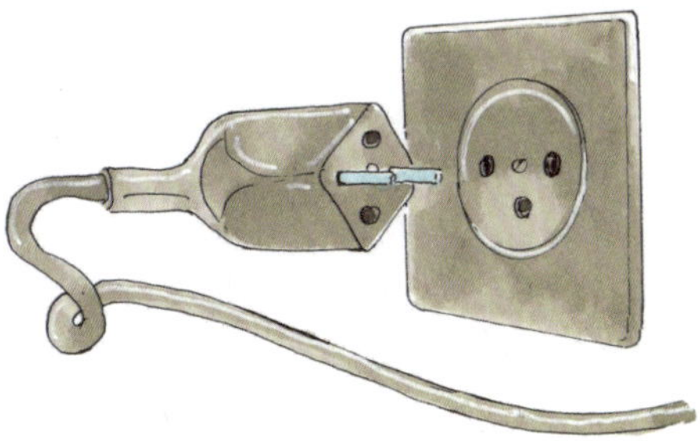

die **Steckdose**
stecken, ich **steckte**
der **Stecken,** viele Stecken
der **Stecker,** viele Stecker
der **Steckling,** viele Stecklinge
die **Stecknadel**

der **Steg,** die Stege
stehen, du stehst, ich **stand,** ich habe (oder bin) gestanden
stehlen, du stiehlst, ihr stehlt, ich **stahl,** gestohlen
steif
steigen, ich **stieg,** gestiegen
steigern; die Steigerung
die **Steigung,** die Steigungen
steil
der **Stein,** die Steine; steinern (aus Stein); steinhart; steinig
die **Stelle,** die Stellen
stellen, ich **stellte;** die Stellung
der **Stellvertreter;** die Stellvertreterin; die Stellvertretung
die **Stelze,** die Stelzen; stelzen
stemmen, du stemmst Hanteln
der **Stempel,** viele Stempel; stempeln
die **Steppdecke**
sterben, du stirbst, ihr sterbt, er **starb,** gestorben
stereo hören; die Stereoanlage
steril (keimfrei); sterilisieren
der **Stern,** die Sterne; die Sternschnuppe; die Sternwarte
stets (immer)
die **Steuer** (Abgabe), die Steuern
das **Steuer** (zum Lenken), viele Steuer; steuern

S

der **Steward** (sprich: Stjuerd), die Stewards; die Stewardess (sprich: Stjuerdess)
stibitzen, ich habe stibitzt
der **Stich,** die Stiche; sticheln
sticken; die Stickerei
stieben, es **stob,** gestoben (oder **stiebte,** gestiebt)
der **Stiefel,** viele Stiefel; stiefeln
die **Stiefeltern** (Stiefmutter und Stiefvater)
das **Stiefmütterchen**
ich **stieg** (→ steigen)
sie **stiehlt** (→ stehlen)
der **Stiel,** die (Blumen-)Stiele
der **Stier,** die Stiere
ich **stiess** (→ stossen)
der **Stift,** die Stifte
stiften; die Stiftung
der **Stil** (Art, z.B. Musikstil), die Stile
still; die Stille; ein Baby stillen
die **Stimme,** die Stimmen
stimmen, es stimmt
die **Stimmung,** die Stimmungen
stinken, es **stank,** gestunken
er **stirbt** (→ sterben)
die **Stirn** (oder Stirne), die Stirnen
es **stob** (→ stieben)
stöbern
stochern

der **Stock,** die Stöcke; stockdunkel
stocken; stockender Verkehr
das **Stockwerk,** die Stockwerke
der **Stoff,** die Stoffe; der Stofffetzen
stöhnen; das Stöhnen
der **Stollen,** viele Stollen
stolpern
stolz, stolzer, am stolzesten; der Stolz
stolzieren
stopp! (oder stop!); der Stopp, die Stopps
stopfen
die **Stoppel,** die Stoppeln
stoppen; die Stoppuhr
der **Stöpsel,** viele Stöpsel
der **Storch,** die Störche
die **Store** (oder der Storen), die Storen
stören; der Störe(n)fried
störrisch
die **Störung,** die Störungen
der **Stoss,** die Stösse
stossen, du stösst, ihr stosst, ich **stiess,** gestossen
die **Stossstange**
stottern
stracks (sofort)
die **Strafaufgabe;** strafbar
die **Strafe,** die Strafen; strafen

S

straff, straffer, am straffsten
der **Sträfling,** die Sträflinge
der **Strahl,** die Strahlen
strahlen; strahlend
die **Strähne,** die Strähnen; strähniges Haar
stramm, ein strammer Junge
strampeln
der **Strand,** die Strände; das Strandbad; stranden
der **Strang** (Seil), die Stränge
die **Strapaze,** die Strapazen
die **Strasse,** die Strassen
sich **sträuben**
der **Strauch,** die Sträucher

der **Strauss** (Blumen), die Sträusse

der **Strauss** (Vogel), die Strausse
streben; der Streber; die Streberin; strebsam
die **Strecke,** die Strecken
strecken
der **Streich,** die Streiche
streicheln
streichen, ich **strich,** gestrichen
das **Streichholz,** die Streichhölzer
streifen
der **Streifen,** die Streifen
der **Streik,** die Streiks; streiken
der **Streit,** die Streite
streiten, ich **stritt,** gestritten
streng; die Strenge
der **Stress;** stressen; stressig
streuen
streunen (sich herumtreiben)
ich **strich** (→ streichen)
der **Strich,** die Striche; der Strichpunkt
der **Strick,** die Stricke
stricken; die Stricknadel
der **Striegel;** (ein Pferd) striegeln
strikt, strikte (streng, genau)
ich **stritt** (→ streiten)
das **Stroh;** der Strohhalm
der **Strolch,** die Strolche; die Strolchin
der **Strom,** die Ströme

S

strömen; die Strömung
die **Strophe** (sprich: Strofe), die Strophen
strotzen, du strotzt vor Kraft
strubbelig; der Strubbelkopf
der **Strudel,** viele Strudel; strudeln
der **Strumpf,** die Strümpfe
struppig
die **Stube,** die Stuben
das **Stück,** die Stücke
der **Student;** die Studentin
studieren; das Studium
die **Stufe,** die Stufen

der **Stuhl,** die Stühle
stumm
der **Stummel,** viele Stummel
stumpf; der Stumpf

die **Stunde,** die Stunden; stundenlang; der Stundenplan; stündlich
stupsen; die Stupsnase
stur; die Sturheit
der **Sturm,** die Stürme; stürmen; stürmisch
der **Sturz,** die Stürze; stürzen, du stürzt
die **Stute,** die Stuten
die **Stütze,** die Stützen
stützen, du stützt
stutzen; stutzig werden
der **Stützunterricht**
die **Suche;** suchen
die **Sucht,** die Süchte; süchtig
der **Süden;** südlich; der Südpol; südwärts
die **Summe,** die Summen
summen, die Biene summt
der **Sumpf,** die Sümpfe; sumpfig
die **Sünde;** der Sündenbock
super, ein super Spiel, du hast super gespielt; der Supermarkt
die **Suppe,** die Suppen
das **Surfbrett;** surfen (sprich: sörfen)
süss; die Süssigkeit
der **Swimmingpool** (sprich: Swimingpuul), die Swimmingpools
das **Symbol,** die Symbole

die **Sympathie;** sympathisch
die **Synagoge** (Gotteshaus der Juden)
das **System,** die Systeme
die **Szene,** die Szenen

T

der **Tabak;** die Tabakspfeife
die **Tabelle,** die Tabellen
das **Tablar,** die Tablare
das **Tablett,** die Tabletts (oder Tablette)
die **Tablette,** die Tabletten
das **Taburett,** die Taburette
der **Tacho** (Tachometer), die Tachos
der **Tadel,** viele Tadel; tadellos; tadeln
die **Tafel,** die Tafeln
das **Täfer** (Holzverkleidung); täfern
der **Tag,** die Tage, eines Tages; tagelang; die Tagesschau; täglich; tagsüber; die Tagung
der **Takt,** die Takte; taktlos; takt-voll
das **Tal,** die Täler
das **Talent,** die Talente; talentiert
der **Tamile;** die Tamilin; tamilisch
der **Tank,** die Tanks
tanken; die Tankstelle
die **Tanne,** die Tannen
die **Tante,** die Tanten
der **Tanz,** die Tänze
tanzen, du tanzt; der Tänzer; die Tänzerin

die **Tapete,** die Tapeten
tapezieren; der Tapezierer; die Tapeziererin
tapfer; die Tapferkeit
tappen; täppisch
der **Tarif,** die Tarife
tarnen; die Tarnung
die **Tasche,** die Taschen
die **Tasse,** die Tassen
die **Taste,** die Tasten; tasten
ich **tat** (→ tun)
die **Tat,** die Taten
der **Täter,** viele Täter; die Täterin
die **Tätigkeit,** die Tätigkeiten; das Tätigkeitswort (Verb)
die **Tatsache;** tatsächlich
tätscheln
die **Tatze,** die Tatzen
der **Tau** (Tautropfen)
das **Tau** (Strick), die Taue
taub (gehörlos); taubblind
die **Taube,** die Tauben
taubstumm
tauchen; der Taucher; die Taucherin
tauen, es taut
die **Taufe,** die Taufen; taufen
taugen; der Taugenichts
taumeln (schwanken)
der **Tausch;** tauschen, du tauschst
täuschen; die Täuschung

tausend, tausend Franken; es kamen Tausende; die Tausendernote; der Tausendfüssler; tausendmal
der (oder das) **Taxi,** die Taxis
das **Team** (Mannschaft; sprich: Tiim), die Teams
die **Technik,** die Techniken; der Techniker; die Technikerin; technisch

der **Teddy** (Teddybär), die Teddys
der **Tee,** die Tees; die Teekanne
der **Teenager** (sprich: Tiinejtscher), viele Teenager
der **Teer;** teeren; teerig
der **Teich,** die Teiche
der **Teig,** die Teige; die Teigwaren (Mehrzahl)
der (oder das) **Teil,** die Teile; teilbar
teilen

die **Teilnahme;** teilnehmen; der Teilnehmer; die Teilnehmerin
teils; teilweise
das **Telefon,** die Telefone; der Telefonhörer; telefonieren; telefonisch; die Telefonkabine; die Telefonnummer
das **Telegramm,** die Telegramme
die **Television** (TV; Fernsehen)
der **Teller,** viele Teller
der **Tempel,** viele Tempel
das **Temperament** (Lebhaftigkeit)
die **Temperatur,** die Temperaturen
das **Tempo,** die Tempos (oder Tempi); die Tempolimite

das **Tennis,** Tennis spielen
der **Teppich,** die Teppiche

der **Termin,** die Termine
das **Terrarium,** die Terrarien
die **Terrasse,** die Terrassen
der **Terrier** (Hundeart), die Terrier
der **Terror;** terrorisieren
das **Tessin** (Kanton)
der **Tessin** (Fluss)
der **Test,** die Tests
das **Testament,** die Testamente
testen
teuer, teurer, am teuersten
der **Teufel,** viele Teufel; teuflisch
der **Text,** die Texte; texten
die **Textilien** (Stoffwaren; Mehrzahl)
das **Theater,** viele Theater
der **Thek** (Tornister), die Theks
die **Theke,** die (Bar-)Theken
das **Thema,** die Themen
theoretisch
die **Theorie,** die Theorien
die **Therapie,** die Therapien
das **Thermometer**
die **Thermosflasche**
der **Thon** (Thunfisch)
der **Thron,** die Throne
der **Thurgau**
ticken
das **Ticket** (Billett), die Tickets
tief; die Tiefe
tiefgefroren

tiefgekühlt; die Tiefkühltruhe
das **Tier,** die Tiere; der Tierarzt; die Tierärztin; tierisch; die Tierquälerei; der Tierschutz
der **Tiger,** viele Tiger
der **Tilsiter** (Käse)
die **Tinte;** der Tintenkiller
der **Tipp,** die Tipps; tippen, du tippst
der **Tisch,** die Tische; der Tischler; die Tischlerin; das Tischtennis
der **Titel,** viele Titel; das Titelblatt

der **Toast** (sprich: Toost), die Toasts (oder Toaste); toasten; der Toaster
das **Tobel,** viele Tobel
toben; die Tobsucht
die **Tochter,** die Töchter
der **Tod;** der Todfeind
todkrank
tödlich

todmüde
todsicher
das **Tohuwabohu** (Wirrwarr)
die **Toilette** (sprich: Tualette), die Toiletten
tolerant; die Toleranz
toll, toller, am tollsten; tollkühn
der **Tollpatsch;** tollpatschig
die **Tollwut;** tollwütig
die **Tomate,** die Tomaten
die **Tombola,** die Tombolas
der **Ton** (Lehm)
der **Ton** (Klang), die Töne
das **Tonband,** die Tonbänder
tönen (klingen)
tönern (aus Ton)
die **Tonleiter**
die **Tonne** (t), die Tonnen
der **Topf,** die Töpfe
der **Töpfer;** die Töpferin; töpfern
das **Tor,** die Tore
der **Tor** (Narr), die Toren
der **Torf;** der Torfmull
töricht (dumm)
torkeln
der **Tornister** (Thek), viele Tornister
die **Torte,** die Torten
tosen, der Wasserfall tost
tot
total

T

der oder die **Tote,** die Toten
töten
totenblass
totenstill
sich **totlachen**
die **Tour** (sprich: Tuur), die Touren
der **Tourist** (sprich: Turist), die Touristen; die Touristin
der **Trab;** traben
die **Tracht,** die Trachten
die **Tradition;** traditionell
ich **traf** (→ treffen)
der **Trafo,** die Trafos
träg (oder träge)
tragen, du trägst, ihr tragt, ich **trug,** getragen; der Träger
tragisch; die Tragödie
der **Trainer** (sprich: Träner), viele Trainer; die Trainerin
trainieren (sprich: träniiren); das Training
der **Trakt,** die Trakte
das **Traktandum,** die Traktanden
der **Traktor,** die Traktoren
das **Tram,** die Trams
trampeln
die **Träne,** die Tränen; tränen
ich **trank** (→ trinken)
tränken (zu trinken geben)
der **Transformator** (Trafo)
transparent; das Transparent

der **Transport,** die Transporte; der Transporteur; transportieren
das **Trapez,** die Trapeze
ich **trat** (→ treten)
die **Traube,** die Trauben
trauen
die **Trauer;** trauern, du trauerst
träufeln (tropfenweise giessen)
der **Traum,** die Träume
träumen; träumerisch
traurig, trauriger, am traurigsten; die Traurigkeit
die **Trauung** (Hochzeit)
treffen, du triffst, ihr trefft, ich **traf,** getroffen; der Treffer
treiben, ich **trieb,** getrieben
das **Treibhaus**
trennen; die Trennung
die **Treppe,** die Treppen
der **Tresor,** die Tresore
treten, du trittst, ihr tretet, ich **trat,** getreten
treu; die Treue; treuherzig
die **Tribüne,** die Tribünen
der **Trichter,** viele Trichter
der **Trick,** die Tricks; der Trickfilm
ich **trieb** (→ treiben)
der **Trieb,** die Triebe
triefen, du triefst vor Nässe
sie **trifft** (→ treffen)
das **Trikot,** die Trikots

trillern; die Trillerpfeife
trinken, ich **trank,** getrunken; das Trinkwasser
trippeln
er **tritt** (→ treten)
der **Tritt,** die Tritte; das Trittbrett
der **Triumph** (sprich: Triumpf), die Triumphe; triumphieren
trocken, trockener, am trockensten; die Trockenheit
trocknen
trödeln
der **Trog,** die Tröge
die **Trommel,** die Trommeln; trommeln
die **Trompete,** die Trompeten; trompeten
tröpfeln
tropfen, es tropft
der **Tropfen,** viele Tropfen
der **Trost;** trösten; tröstlich; trostlos
das **Trottinett,** die Trottinette
das **Trottoir** (sprich: Trotuar), die Trottoirs (oder Trottoire)
trotz, trotz des Regens (oder: trotz dem Regen)
der **Trotz;** trotzdem
trotzen; trotzig; der Trotzkopf
trüb (oder trübe)
der **Trubel** (Durcheinander)

die **Trübsal;** trübselig (traurig)
ich **trug** (→ tragen)
die **Truhe,** die Truhen
die **Trümmer** (Mehrzahl)
der **Trumpf,** die Trümpfe
die **Truppe,** die Truppen
der **Truthahn;** die Truthenne
tschau! (oder ciao!)
der **Tscheche;** die Tschechin; tschechisch; die Tschechische Republik (Tschechien)
tschüs!; auch: tschüss!
das **T-Shirt** (sprich: Tii-Schört), die T-Shirts
die **Tube,** die Tuben
das **Tuch,** die Tücher
tüchtig; die Tüchtigkeit
die **Tücke;** tückisch
tüfteln
die **Tulpe,** die Tulpen
sich **tummeln;** der Tummelplatz
der **Tümpel,** viele Tümpel
der **Tumult,** die Tumulte
tun, ich tue, du tust, ich **tat,** getan, tu das nicht!
der **Tunnel,** viele Tunnel (oder Tunnels)
tüpfeln; tupfen
der **Tupfen,** viele Tupfen
die **Tür** (oder Türe), die Türen
die **Turbine,** die Turbinen

die **Türfalle** (oder Türklinke)
der **Türke;** die Türkei; die Türkin; türkisch
der **Turm,** die Türme
turnen; das Turnen; die Turnhalle
das **Turnier,** die Turniere
tuscheln, du tuschelst
die **Tüte,** die Tüten
tuten, das Schiff tutet
der **Typ,** die Typen
typisch

der **Tyrann,** die Tyrannen; die Tyrannin; tyrannisch; tyrannisieren (unterdrücken)

U

übel, mir ist übel
das **Übel;** die Übelkeit; der Übeltäter; die Übeltäterin
üben
über
überall
überarbeiten, ich überarbeite den Text; du bist überarbeitet
die **Überbauung**
das **Überbleibsel,** die Überbleibsel
der **Überdruss;** überdrüssig
übereinander
überfahren, du überfährst, ihr überfahrt, ich **überfuhr,** habe überfahren
der **Überfall,** die Überfälle
überfallen, du überfällst, ihr überfallt, ich **überfiel,** habe überfallen
überfliessen, es fliesst über
der **Überfluss;** überflüssig
überfordern, du überforderst uns; die Überforderung
überhaupt
überheblich
überholen, du überholst
überlegen, du überlegst; die Überlegung

T U

überlisten, du überlistest
übermorgen
der **Übermut;** übermütig
übernachten, du übernachtest; die Übernachtung
überqueren, du überquerst
überraschen, du überraschst
die **Überraschung,** die Überraschungen
überreden, du überredest
überrumpeln, du überrumpelst uns
die **Überschrift** (Titel)
überschwemmen, der Fluss überschwemmt die Ufer; die Überschwemmung
übersetzen, du übersetzt den Brief; die Übersetzung
die **Übersicht;** übersichtlich
übertreiben, ich **übertrieb,** übertrieben; die Übertreibung
überwältigend (grossartig)
überweisen, ich **überwies,** überwiesen; die Überweisung
überwintern, er überwintert
überzählig
überzeugen, du überzeugst; die Überzeugung
üblich
übrig, im Übrigen
übrigens

die **Übung,** die Übungen
das **Ufer,** viele Ufer
die **Uhr,** die Uhren; der Uhrmacher; die Uhrmacherin; der Uhrzeiger
der **Uhu,** die Uhus
der **Ulk;** ulkig

die **Ulme,** die Ulmen
um
umarmen, du umarmst; die Umarmung
der **Umbau,** die Umbauten
umdrehen; die Umdrehung
umeinander
die **Umfahrung**

U

der **Umfang;** umfangreich
die **Umfrage,** die Umfragen
die **Umgebung**
umgekehrt
umher; umherirren
die **Umkehr;** umkehren
der **Umlaut** (ä, ö, ü), die Umlaute
umleiten; die Umleitung
der **Umriss,** die Umrisse
umrühren
ums (um das), ums Haus herum, eins ums andere
der **Umschlag,** die Umschläge
umso, umso besser
umsonst
der **Umstand,** die Umstände; umständlich
umsteigen
der **Umsturz,** die Umstürze
der **Umweg,** die Umwege
die **Umwelt;** umweltfreundlich; der Umweltschutz; die Umweltverschmutzung
umziehen
der **Umzug,** die Umzüge
unabhängig; die Unabhängigkeit
unachtsam
unangenehm
unanständig
unappetitlich

die **Unart,** die Unarten; unartig
unaufmerksam
unausstehlich
unbedingt
das **Unbehagen;** unbehaglich
unbeholfen
unbekannt
unbequem
und, und so weiter (usw.)
undankbar; die Undankbarkeit
undeutlich
unehrlich; die Unehrlichkeit
unendlich; die Unendlichkeit
unentschieden
unerbittlich
unerfreulich
unerhört
unermüdlich
unfähig
unfair (sprich: unfäär)
der **Unfall,** die Unfälle
unförmig
unfreundlich
der **Unfug**
der **Ungar;** die Ungarin; ungarisch; Ungarn
die **Ungeduld;** ungeduldig
ungefähr
ungefährlich
ungeheuer, ein ungeheures Glück

das **Ungeheuer,** viele Ungeheuer
ungehorsam
ungemütlich
ungeniert (sprich: unscheniirt)
ungeniessbar
ungenügend
ungerade
ungerecht; die Ungerechtigkeit
das **Ungeschick;** ungeschickt
das **Ungetüm,** die Ungetüme
ungewöhnlich
das **Ungeziefer**
ungezogen
unglaublich
das **Unglück,** die Unglücke; unglücklich
ungültig; die Ungültigkeit
das **Unheil;** unheilvoll
unheilbar
unheimlich
uni (einfarbig; sprich: üni), ein uni Pulli
die **Uniform,** die Uniformen; uniformiert
uninteressant
die **Universität,** die Universitäten
unklar; die Unklarheit
das **Unkraut,** die Unkräuter
unmöglich; die Unmöglichkeit
unnötig
unnütz

unrecht, du hast unrecht (oder: Unrecht)
das **Unrecht,** du bist im Unrecht
die **Unruhe;** unruhig
uns, das gehört uns
unschädlich
die **Unschuld;** unschuldig
unselbstständig (oder unselbständig)
unser, unsere; unsertwegen
unsichtbar
der **Unsinn;** unsinnig
unsympathisch
unten
unter, unter anderem
unterbrechen, du unterbrichst, ihr unterbrecht, ich **unterbrach,** unterbrochen
der **Unterbruch,** die Unterbrüche
unterdessen
unterdrücken, du unterdrückst; die Unterdrückung
untere
untereinander
unterernährt; die Unterernährung
die **Unterführung**
der **Untergang,** die Untergänge
untergehen, das Boot geht unter
unterhalb

U

unterhalten, du unterhältst, ihr unterhaltet, ich **unterhielt,** habe unterhalten; die Unterhaltung

das **Unterhemd**

die **Unterhose**

unterirdisch

die **Unterkunft,** die Unterkünfte

das **Unterleibchen**

unternehmen, du unternimmst, ihr unternehmt, ich **unternahm,** unternommen

unternehmungslustig

der **Unterricht;** unterrichten

unterscheiden, ich **unterschied,** unterschieden

der **Unterschied,** die Unterschiede

der **Unterschlupf**

unterschreiben, ich **unterschrieb,** unterschrieben

die **Unterschrift**

unterstreichen, ich **unterstrich,** unterstrichen

unterstützen, du unterstützt; die Unterstützung

untersuchen, du untersuchst; die Untersuchung

der **Untertan,** die Untertanen; die Untertanin

die **Unterwäsche**

unterwegs

unverfroren

unvergesslich

unverhofft (unerwartet)

unvernünftig

unverschämt

unversöhnlich

unverständlich

unverzeihlich

unvollständig

unvorsichtig

unwahr; unwahrscheinlich

das **Unwetter,** viele Unwetter

unwiderstehlich

unwohl, mir ist unwohl

die **Unzahl;** unzählig

unzertrennlich

unzufrieden

unzugänglich

unzuverlässig

üppig; die Üppigkeit

uralt

der **Ureinwohner;** die Ureinwohnerin
der **Urenkel,** viele Urenkel; die Urenkelin
die **Urgrosseltern** (Urgrossmutter und Urgrossvater)
Uri
die **Urkunde,** die Urkunden
der **Urlaub,** die Urlaube
die **Urne,** die Urnen
die **Ursache,** die Ursachen
der **Ursprung,** die Ursprünge; ursprünglich
das **Urteil,** die Urteile
der **Urwald,** die Urwälder
die **Urzeit,** die Urzeiten; urzeitlich
die **USA** (Vereinigte Staaten von Amerika)
usw. (und so weiter)
die **Utensilien** (Werkzeuge, Gegenstände; Mehrzahl)

V

das **Vakuum** (luftleerer Raum)
die **Vanille;** die Vanilleglace
die **Vase,** die Vasen
der **Vater,** die Väter; väterlich
der **Vegetarier;** die Vegetarierin; vegetarisch (fleischlos)
das **Veilchen,** viele Veilchen
das **Velo,** die Velos, Velo fahren
das **Ventil,** die Ventile

der **Ventilator,** die Ventilatoren
verabreden; die Verabredung
verabschieden
verachten; die Verachtung
die **Veranda,** die Veranden

verändern; die Veränderung
veranstalten; die Veranstaltung
verantwortlich; die Verantwortung
das **Verb** (Tätigkeits- oder Zeitwort), die Verben
der **Verband,** die Verbände
verbergen, du verbirgst, ihr verbergt, ich **verbarg,** verborgen, im Verborgenen
verbessern; die Verbesserung
sich **verbeugen;** die Verbeugung
verbieten, ich **verbot,** verboten
verbinden, ich **verband,** verbunden
verblüffen; verblüffend
verblühen, verblüht
ich **verbot** (→ verbieten)
das **Verbot,** die Verbote
verboten (→ verbieten)
ich **verbrannte** (→ verbrennen)
verbrauchen
das **Verbrechen,** viele Verbrechen; der Verbrecher, die Verbrecherin
verbrennen, ich **verbrannte,** verbrannt
der **Verdacht**
verdächtig; verdächtigen
es **verdarb** (→ verderben)

verdauen; die Verdauung
verderben, du verdirbst, ihr verderbt, ich **verdarb,** verdorben
verdienen; der Verdienst (Lohn)
das **Verdienst** (Anerkennung)
verdorren, verdorrt
verdunsten; die Verdunstung
verdursten
verdutzt
verehren; die Verehrung
der **Verein,** die Vereine
das **Verfahren,** viele Verfahren
verfassen; der Verfasser; die Verfasserin; die Verfassung
verfolgen; die Verfolgung
ich **vergab** ihm (→ vergeben)
die **Vergangenheit;** die Vergangenheitsform
ich **vergass** (→ vergessen)
vergeben, du vergibst, ihr vergebt, ich **vergab,** habe vergeben, vergib mir!
vergebens; vergeblich
um **Vergebung** bitten
vergehen, es **verging,** vergangen
vergessen, du vergisst, ihr vergesst, ich **vergass,** habe vergessen

V

vergesslich
vergeuden; die Vergeudung
vergiften; die Vergiftung
es verging (→ vergehen)
das **Vergissmeinnicht,** viele Vergissmeinnicht
der **Vergleich,** die Vergleiche
vergleichen, ich verglich, verglichen; die Vergleichsform
sich **vergnügen;** das Vergnügen; vergnügt
verhaften; die Verhaftung
das **Verhältnis,** die Verhältnisse
das **Verhängnis;** verhängnisvoll
verhätscheln
verheerend; die Verheerung
verheimlichen
verheiraten, verheiratet
verhindern
verhöhnen
das **Verhör,** die Verhöre; verhören
verhungern
verhüten; die Verhütung
sich **verirren**
verkaufen, du verkaufst
der **Verkäufer,** viele Verkäufer; die Verkäuferin
der **Verkehr;** das Verkehrsmittel
verkehrt
verkleiden; die Verkleidung
verlangen

verlassen, du verlässt, ihr verlasst, ich verliess, habe verlassen
verlegen sein; die Verlegenheit

verletzen, verletzt
die **Verletzung,** die Verletzungen
verleumden; die Verleumdung
sich **verlieben,** verliebt sein
verlieren, ich verlor, verloren
ich verliess (→ verlassen)
sich **verloben,** verlobt; die Verlobung
verlocken; die Verlockung
ich verlor, verloren (→ verlieren)
verlosen; die Verlosung
verlottern, verlottert
der **Verlust,** die Verluste
vermehren; die Vermehrung
vermieten
vermissen; der oder die Vermisste

V

vermodern (verfaulen)
das **Vermögen;** vermögend (reich)
vermuten; vermutlich; die Vermutung
vernachlässigen
vernichten; die Vernichtung
die **Vernunft;** vernünftig
verpacken; die Verpackung
verpflegen; die Verpflegung

sich **verpuppen**
der **Verrat**
verraten, du verrätst, ihr verratet, ich **verriet,** habe verraten
der **Verräter,** viele Verräter; die Verräterin
verrechnen; sich verrechnen
verreisen, du verreist nach Biel
ich **verriet** (→ verraten)
verrosten, verrostet
verrückt; die Verrücktheit
der **Vers,** die Verse

versammeln; die Versammlung
versäumen; das Versäumnis
verscheuchen
verschieben, ich **verschob,** verschoben
verschieden; verschiedenartig
verschliessen, ich **verschloss,** verschlossen
verschlingen, ich **verschlang,** verschlungen
ich **verschloss** (→ verschliessen)
verschlucken
der **Verschluss,** die Verschlüsse
verschmieren
verschmutzen; die Verschmutzung
verschnaufen
verschnörkelt
verschonen
ich **verschwand** (→ verschwinden)
verschwenden; verschwenderisch; die Verschwendung
verschwinden, ich **verschwand,** verschwunden
verschwitzt sein
das **Versehen;** versehentlich
versichern; die Versicherung
versickern
versöhnen; die Versöhnung
sich **verspäten;** die Verspätung

versperren
verspotten
versprechen, du versprichst, ihr versprecht, ich **versprach,** versprochen
das **Versprechen,** viele Versprechen
ich **verstand** (→ verstehen)
der **Verstand;** verständig
sich **verständigen**
verständlich
das **Verständnis;** verständnisvoll
verstauchen; die Verstauchung

das **Versteck,** die Verstecke
verstecken; Verstecken spielen
verstehen, ich **verstand,** verstanden

verstohlen (heimlich)
der **Versuch,** die Versuche; versuchen
verteidigen; die Verteidigung
verteilen; die Verteilung
der **Vertrag,** die Verträge
vertrauen; das Vertrauen; vertraulich
verträumt
vertreiben, ich **vertrieb,** vertrieben
der **Vertreter,** viele Vertreter; die Vertreterin
vertrödeln
verunglücken
verurteilen
vervielfältigen; die Vervielfältigung
verwahrlost
verwalten; die Verwaltung
verwandeln; die Verwandlung
verwandt; der oder die Verwandte; die Verwandtschaft
verwechseln; die Verwechslung
verwelken
verwenden; die Verwendung
verwirren; die Verwirrung
verwittert
verwitwet
verwöhnen, verwöhnt

	verwunden; verwundet; die Verwundung
	verzehren
das	**Verzeichnis,** die Verzeichnisse
	verzeihen, ich verzieh, verziehen, verzeih mir!
um	**Verzeihung** bitten
der	**Verzicht;** verzichten
	verzieren; die Verzierung
	verzweifeln; die Verzweiflung
der	**Vetter** (Cousin), die Vettern

der	(oder das) **Viadukt,** die Viadukte
die	**Vibration;** vibrieren
das	**Video,** die Videos; die Videokassette; der Videorekorder (oder -recorder)
das	**Vieh;** die Viehzucht
	viel, mehr, am meisten, viele, vieles; vielerlei; vielfach
	vielleicht
	vielmals, danke vielmals!
	vier, um halb vier
das	**Viereck,** die Vierecke; viereckig
	viermal
das	**Viertel** (Quartier), viele Viertel
der	(oder das) **Viertel** (1/4), drei Viertel, Viertel vor zwei; das Vierteljahr; die Viertelstunde
	vierzehn; vierzig
der	**Vikar,** die Vikare; die Vikarin
die	**Villa,** die Villen
	violett
die	**Violine,** die Violinen
das	(oder der) **Virus,** die Viren
	vis-à-vis (gegenüber; sprich: wisawi)
das	**Vitamin,** die Vitamine
der	**Vita-Parcours** (sprich: Wita-Parkuur)
die	**Vitrine,** die Vitrinen
der	**Vogel,** die Vögel; das Vogelnest; die Vogelscheuche
der	**Vokal,** die Vokale (Selbstlaute, z.B. a, e, u)
das	**Volk,** die Völker; der Völkerball
	voll, voller, am vollsten
der	**Volleyball**
	völlig

vollkommen
der **Vollmond**
vollständig
vollzählig
vom (von dem), vom Vater
von, von dir; voneinander
vor, vor allem
voran
voraus, im Voraus
die **Voraussetzung**
voraussichtlich
vorbei; vorbeifahren
vorbereiten; die Vorbereitung
vorbeugen
das **Vorbild,** die Vorbilder; vorbildlich
vordere
der **Vordergrund**
voreilig
voreinander
die **Vorfahren** (Ahnen; Mehrzahl)
der **Vorfall,** die Vorfälle
vorführen; die Vorführung
der oder die **Vorgesetzte**
vorgestern
der **Vorhang,** die Vorhänge
vorher; vorhersagen
vorhin
vorig, vorige (letzte) Woche
vorläufig
vorlaut
vorlesen; die Vorlesestunde
der **Vormittag,** die Vormittage, am Vormittag; gestern Vormittag; vormittags
vorn (oder vorne)
der **Vorname** (z.B. Laura)
vornehm
vornüber
der **Vorort,** die Vororte
der **Vorrat,** die Vorräte; vorrätig
der **Vorsatz,** die Vorsätze
der **Vorschlag,** die Vorschläge; vorschlagen
die **Vorschrift,** die Vorschriften; vorschriftsgemäss
die **Vorsicht;** vorsichtig; vorsichtshalber
der **Vorsprung,** die Vorsprünge
vorstellen; die Vorstellung
vortäuschen
der **Vorteil,** die Vorteile; vorteilhaft
der **Vortrag,** die Vorträge
der **Vortritt;** das Vortrittsrecht
vorüber; vorübergehend
das **Vorurteil,** die Vorurteile
der **Vorwand,** die Vorwände
vorwärts
vorwitzig
der **Vorwurf,** die Vorwürfe; vorwurfsvoll
der **Vulkan,** die Vulkane

W

die **Waadt** (Vaud); das Waadtland
die **Waage,** die Waagen
waagrecht; die Waagrechte

die **Wabe,** die Waben
wach; die Wache; wachen
das **Wachs**
wachsam
wachsen (grösser werden), du wächst, ihr wachst, ich **wuchs,** bin gewachsen (aber: ich **wachste** die Ski, habe die Ski gewachst)
das **Wachstum**
der **Wächter,** viele Wächter; die Wächterin
wack(e)lig; wackeln
die **Wade,** die Waden

die **Waffe,** die Waffen
wagen, du wagst es
der **Wagen,** viele Wagen
wägen, ich **wog** die Äpfel, gewogen (oder **wägte,** gewägt)
der **Waggon,** die Waggons
waghalsig
das **Wagnis,** die Wagnisse
die **Wähe,** die Wähen
die **Wahl,** die Wahlen
wählen; wählerisch
der **Wahnsinn;** wahnsinnig
wahr, eine wahre Geschichte
während, während der Ferien
wahrhaftig
die **Wahrheit,** die Wahrheiten
wahrnehmen, ich nehme wahr
wahrscheinlich
die **Währung** (z.B. Franken, Euro)
das **Wahrzeichen**
die **Waise** (Kind ohne Eltern), die Waisen; das Waisenkind
der **Wal** (Meerestier), die Wale
der **Wald,** die Wälder; waldig
der **Walkman** (sprich: Wookmän), die Walkmen
der **Wall,** die Wälle
die **Wallfahrt**
das **Wallholz**
das **Wallis**
die **Walze,** die Walzen; walzen

W

ich **wälzen,** du wälzt
ich wand (→ winden)
die **Wand,** die Wände
der **Wanderer,** viele Wanderer; die Wanderin (oder Wandrerin)
wandern; die Wanderung
die **Wandtafel**
ich wandte (→ wenden)
die **Wandzeitung**
die **Wange,** die Wangen
wann, wann kommst du?
die **Wanne,** die Wannen
die **Wanze,** die Wanzen

das **Wappen,** viele Wappen
ich war (→ sein)
ich warb (→ werben)
ich **wäre** (→ sein)
die **Ware,** die Waren
wir waren, wir wären (→ sein)
das **Warenhaus**

ich warf (→ werfen)
warm, wärmer, am wärmsten; die Wärme; wärmen
warnen; die Warnung
du warst, du wärst (→ sein)
ihr wart, ihr wärt (→ sein)
warten
der **Wärter,** viele Wärter; die Wärterin
warum
die **Warze,** die Warzen
was, was ist das?
die **Wäsche;** die Wäscheklammer
waschen, du wäschst, ihr wascht, ich wusch, gewaschen
der **Waschlappen**
die **Waschmaschine**
das **Wasser;** wasserdicht; der Wasserfall; der Wasserhahn; wasserscheu
waten
watscheln
die **Watte;** der Wattebausch
das **WC,** viele WC (oder WCs)
das **Web** (Internet)
weben, ich webte, gewebt (oder wob, gewoben)
der **Wechsel;** wechseln
wecken; der Wecker
wedeln
weder, weder rot noch blau

das **Weekend** (Wochenende; sprich: Wiikend), die Weekends
weg, weg da!, Hände weg!
der **Weg,** die Wege
wegen, wegen des Regens, wegen dir
weggehen
weglassen
wegräumen
der **Wegweiser,** viele Wegweiser
wegwerfen
weh, das tut weh, weh dir!
wehen, der Wind weht
wehleidig
das **Wehr** (Stauwerk), die Wehre
sich **wehren;** wehrlos
das **Weibchen,** viele Weibchen; weiblich
weich
die **Weiche,** die Weichen
weichen, ich **wich,** gewichen
die **Weide,** die Weiden; weiden
sich **weigern;** die Weigerung
der **Weiher,** viele Weiher
die **Weihnacht;** Weihnachten; weihnachtlich; auch: weihnächtlich
weil
das **Weilchen;** die Weile
der **Wein,** die Weine
weinen; weinerlich

weise (klug)
die **Weise** (Art, Melodie), die Weisen, auf diese Weise geht es
die **Weisheit**
ich **weiss** (→ wissen)
weiss; das Weissbrot
weit; von Weitem (oder: von weitem); die Weite
weiter; ohne Weiteres (oder: ohne weiteres)
der **Weizen**
welch, welche, welcher, welches
welk, welke Blumen; welken

die **Welle,** die Wellen
der **Wellensittich**
der **Welpe,** die Welpen
das **Welschland** (Westschweiz)
die **Welt;** das Weltall; weltberühmt
wem, wem gibst du das?
wen, wen siehst du?

wenden, ich **wendete,** gewendet (oder **wandte,** gewandt); wendig; die Wendung
wenig, ein wenig; wenigstens
wenn, wenn möglich
wer, wer ist da?
werben, du wirbst, ihr werbt, ich **warb,** geworben
der **Werbespot,** die Werbespots
die **Werbung**
werden, du wirst, er wird, ihr werdet, ich **wurde,** bin geworden
werfen, du wirfst, ihr werft, ich **warf,** geworfen
die **Werft,** die (Schiffs-)Werften
das **Werk,** die Werke; werken
die **Werkstatt,** die Werkstätten
der **Werktag;** werktags

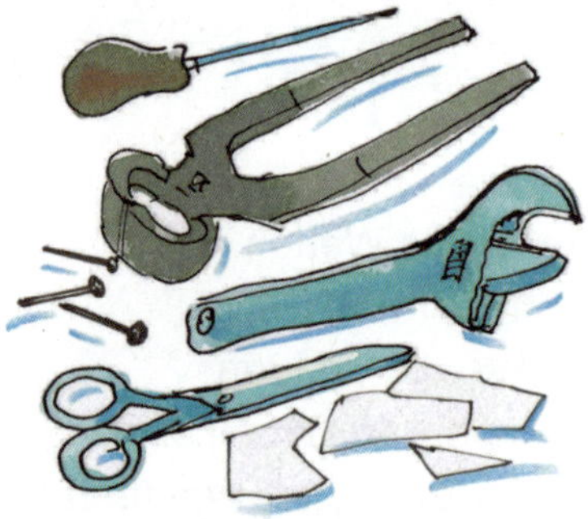

das **Werkzeug**

wert, das ist nichts wert
der **Wert;** wertlos; wertvoll
das **Wesen;** wesentlich
weshalb (warum)
die **Wespe,** die Wespen
wessen, wessen Hut ist das?
die **Weste,** die Westen
der **Westen;** westlich; westwärts
weswegen (warum)
der **Wettbewerb,** die Wettbewerbe
die **Wette;** wetteifern; wetten
das **Wetter;** der Wetterbericht; die Wetterprognose
der **Wettkampf;** das Wettrennen
wetzen, du wetzt das Messer
ich **wich** (→ weichen)
die **Wichse;** wichsen
der **Wicht;** das Wichtelmännchen
wichtig; etwas Wichtiges
der **Wickel;** das Wickelkind; wickeln
der **Widder,** viele Widder
wider (gegen), wider Willen
der **Widerhaken**
widerlich
die **Widerrede,** keine Widerrede!
widerspenstig
widersprechen, du widersprichst, ihr widersprecht, ich **widersprach,** widersprochen
der **Widerspruch**

der **Widerstand,** die Widerstände
widerstehen, ich **widerstand,** widerstanden
der **Widerwille;** widerwillig
widmen; die Widmung
wie, wie alt bist du?
wieder (noch einmal)
wiederholen, du wiederholst; die Wiederholung
auf **Wiederhören!**
wiederkäuen, die Kuh käut wieder; der Wiederkäuer
das **Wiedersehen,** auf Wiedersehen!
die **Wiege,** die Wiegen
wiegen (das Gewicht messen), du wiegst, ich **wog,** gewogen (aber: ich **wiegte** das Kind in den Schlaf, habe es gewiegt)
wiehern
die **Wiese,** die Wiesen
das **Wiesel,** viele Wiesel; wieselflink
wieso
wie viel; wievielmal
wild
das **Wild;** der Wilderer; wildern
die **Wildnis**
ich **will,** du willst (→ wollen)
der **Wille;** willensstark; willig
willkommen

wimmeln
wimmern
der **Wimpel,** viele Wimpel
die **Wimper,** die Wimpern
der **Wind,** die Winde
die **Windel,** die Windeln
winden (drehen, wickeln), ich **wand,** gewunden (aber: es **windete** [der Wind blies], es hat gewindet)

die **Windjacke**
die **Windmühle**
windstill
der **Winkel,** viele Winkel
winken, ich **winkte,** gewinkt
winseln
der **Winter,** viele Winter; winterlich
der **Winzer,** viele Winzer; die Winzerin
winzig; der Winzling
der **Wipfel,** viele Wipfel

W

die **Wippe;** wippen, du wippst
wir, wir beide, wir zwei
der **Wirbel,** viele Wirbel; wirbeln
es **wird** (→ werden)
wirken
wirklich; die Wirklichkeit
die **Wirkung;** wirkungsvoll
wirr; der Wirrwarr
du **wirst** (→ werden)
der **Wirt,** die Wirte; die Wirtin; die Wirtschaft; das Wirtshaus
wischen; der Wischer
wissen, du weisst, ihr wisst, ich **wusste,** gewusst; das Wissen
die **Wissenschaft;** wissenschaftlich
wittern; die Witterung
die **Witwe,** die Witwen; der Witwer
der **Witz,** die Witze; witzig
wo; woanders
ich **wob** (→ weben)
die **Woche,** die Wochen; das Wochenende, wochenlang; der Wochentag; wöchentlich
wofür
ich **wog** (→ wägen, wiegen)
die **Woge,** die Wogen; wogen
woher; wohin
wohl, wohler, am wohlsten
wohlhabend (reich)
der **Wohlstand**

der **Wohnblock**
wohnen; das Wohnhaus; wohnlich; der Wohnort
die **Wohnung,** die Wohnungen
das **Wohnzimmer**
der **Wolf,** die Wölfe
die **Wolke,** die Wolken; der Wolkenkratzer; wolkenlos; wolkig
die **Wolldecke**
die **Wolle;** wollen (aus Wolle), wollene Socken
wollen, du willst, ihr wollt, ich **wollte,** gewollt
womit
worauf
das **Wort,** die Wörter (aber: mit anderen Worten); wörtlich
der **Wortstamm** (z.B. fahr-)
wovon
wozu

das **Wrack,** die Wracks

der **Wucher;** wuchern
ich wuchs (→ wachsen)
der **Wuchs** (Wachstum)
die **Wucht;** wuchtig
wühlen; die Wühlmaus
wund, ein wundes Bein
die **Wunde,** die Wunden
das **Wunder,** viele Wunder; wunderbar; sich wundern
wundernehmen, es nimmt mich wunder
wundervoll
der **Wunsch,** die Wünsche; wünschen
ich wurde (→ werden)
die **Würde;** würdevoll; würdig
der **Wurf,** die Würfe
der **Würfel,** viele Würfel; würfeln; das Würfelspiel
würgen
der **Wurm,** die Würmer; wurmstichig
die **Wurst,** die Würste
die **Wurzel,** die Wurzeln
würzen, du würzt; würzig
ich wusch (→ waschen)
ich wusste (→ wissen)
wüst
die **Wüste**
die **Wut;** der Wutanfall; wütend

X

die **X-Beine;** X-beinig
x-beliebig
x-mal habe ich das probiert
das **Xylophon,** die Xylophone

Y

die **Yacht** (oder Jacht), die Yachten
der **Yak,** die Yaks
das **Ypsilon,** die Ypsilons

Z

die **Zacke** (oder der Zacken), die Zacken; zackig
zaghaft
zäh, zäher, am zäh(e)sten; die Zähheit
die **Zahl,** die Zahlen
zahlen
zählen; der Zähler
zahllos; zahlreich; die Zahlung
zahm, zahmer, am zahmsten
zähmen
der **Zahn,** die Zähne; der Zahnarzt; die Zahnärztin; die Zahnpasta; das Zahnweh
die **Zaine** (oder Zeine), die Zainen
die **Zange,** die Zangen
der **Zank;** zanken; zänkisch
der **Zapfen,** viele Zapfen; der Zapfenzieher
zappeln; zapp(e)lig
zart, zarter, am zartesten
zärtlich; die Zärtlichkeit
der **Zauber;** der Zauberer; zauberhaft; die Zauberin; zaubern
der **Zaum,** die Zäume
der **Zaun,** die Zäune
z.B. (zum Beispiel)
das **Zebra,** die Zebras

die **Zehe,** die Zehen
zehn; der Zehner; die Zehnernote; zehnfach; zehnmal; der Zehnräppler
das **Zeichen,** viele Zeichen
das **Zeichenpapier**
zeichnen; das Zeichnen
die **Zeichnung,** die Zeichnungen
zeigen; der Zeiger
die **Zeile,** die Zeilen
die **Zeit,** die Zeiten; die Zeitform; zeitig; es dauert eine Zeit lang
die **Zeitschrift,** die Zeitschriften
die **Zeitung,** die Zeitungen
der **Zeitvertreib**
das **Zeitwort** (Verb)
die **Zelle,** die Zellen
das **Zelt,** die Zelte; zelten
der **Zement;** zementieren
der **Zentimeter** (cm), drei Zentimeter

der **Zentner** (q), drei Zentner

zentral; die Zentralheizung
das **Zentrum,** die Zentren
zerbrechen, du zerbrichst, ihr zerbrecht, ich **zerbrach,** zerbrochen; zerbrechlich
zerknüllen
zerquetschen
zerreissen, du zerreisst, ich **zerriss,** zerrissen
zerren; die Zerrung
zersplittern
zerstören; die Zerstörung
zerstreuen, zerstreut
zertrümmern
zerzausen, zerzaustes Haar
zetern (jammern, schreien)
der **Zettel,** viele Zettel
das **Zeug**
der **Zeuge,** die Zeugen; die Zeugin
das **Zeugnis,** die Zeugnisse
zickig (überspannt, doof)
der **Zickzack,** im Zickzack laufen
die **Ziege,** die Ziegen
der **Ziegel,** viele Ziegel
ziehen, ich **zog,** gezogen
das **Ziel,** die Ziele; zielen; ziellos
ziemlich
die **Zier;** die Zierde; (sich) zieren
zierlich
die **Ziffer,** die Ziffern; das Zifferblatt

die **Zigarette,** die Zigaretten
die **Zigarre,** die Zigarren
der **Zigeuner,** viele Zigeuner; die Zigeunerin (der richtige Name lautet: die Sinti und Roma)
das **Zimmer,** viele Zimmer
der **Zimmermann,** die Zimmerleute
zimperlich
der **Zimt;** der Zimtstern
das **Zinn** (Metall); der Zinnbecher
der **Zins,** die Zinsen
der **Zipfel,** viele Zipfel
zirka (Abkürzung: ca.)
der **Zirkel,** viele Zirkel; zirkeln

der **Zirkus,** die Zirkusse; die Zirkuskuppel; das Zirkuszelt

zirpen
zischen, du zischst
die **Zitrone,** die Zitronen
zittern; zitt(e)rig
die **Zitze,** die Zitzen
zivil; der Zivilschutz
der (oder das) **Znüni,** viele Znüni
die **Zoccoli** (Mehrzahl)
der **Zoff** (Ärger, Streit); (sich) zoffen (streiten)
ich **zog** (→ ziehen)
zögern; zögernd
der **Zoll,** die Zölle; der Zöllner; die Zöllnerin
der **Zoo,** die Zoos; der zoologische Garten; das Zootier
der **Zopf,** die Zöpfe
der **Zorn;** zornig
die **Zottel,** die Zotteln; zott(el)ig
zu, zu Hause (oder: zuhause), zu essen
zuäusserst
das **Zubehör**
zubereiten; die Zubereitung
die **Zucchetti** (sprich: Zugetti; Mehrzahl; Einzahl: der Zucchetto)
die **Zucht;** züchten
zucken
zücken, er zückt das Messer
der **Zucker;** zuckern; zuckersüss

zudecken
zudem (ausserdem)
zudringlich; die Zudringlichkeit
zueinander
zuerst
die **Zufahrt,** die Zufahrten
der **Zufall,** die Zufälle; zufällig
die **Zuflucht**
zufrieden; die Zufriedenheit
der **Zug,** die Züge
Zug (Kanton und Stadt)
der **Zügel,** viele Zügel; zügeln
zugleich
zugreifen
zugrunde (oder zu Grunde), zugrunde gehen
zugut, du hast Geld zugut
der **Zugvogel,** die Zugvögel
zu Hause (oder: zuhause); das Zuhause
zuhinterst
zuhören; der Zuhörer; die Zuhörerin
die **Zukunft;** zukünftig
zuleid(e) (oder zu Leide), er tat mir das zuleide
zuletzt
zuliebe, tu mir das zuliebe!
zum (zu dem), zum Vater, zum Beispiel (z.B.)
zumindest

zumute, wie ist dir zumute?
zumuten; die Zumutung
zunächst
zünden; das Zündholz
zunehmen
die **Zunft,** die Zünfte; zünftig
die **Zunge,** die Zungen; züngeln
zuoberst
zupfen, du zupfst
zur (zu der), zur Mutter
der **Zürcher;** die Zürcherin; zürcherisch
sich **zurechtfinden**
zurechtweisen
zureden
Zürich; der Zürichsee
zürnen
zurück
zurückkehren
zurückzahlen
der **Zuruf,** die Zurufe; zurufen
zusammen
zusammenfassen; die Zusammenfassung
zusammengesetzt
der **Zusammenhang,** die Zusammenhänge; zusammenhängen
zusammenprallen
zusammensetzen
der **Zusammenstoss,** die Zusammenstösse; zusammenstossen

zusammenzählen
zusätzlich
zuschauen; der Zuschauer; die Zuschauerin
der **Zustand,** die Zustände
zustande (oder: zu Stande) kommen
zuständig
zustimmen; die Zustimmung
die **Zutat,** die Zutaten
zutrauen, ich traue es dir zu
zutraulich
zuunterst
zuverlässig; die Zuverlässigkeit
die **Zuversicht;** zuversichtlich
zu viel, du isst zu viel
zuvor
zuvorderst
zuvorkommend (höflich)
zu wenig, das ist viel zu wenig
zuwider; zuwiderhandeln
der (oder das) **Zvieri,** viele Zvieri
ich **zwang** (→ zwingen)
der **Zwang,** die Zwänge; zwängen
zwanzig; der Zwanziger; die Zwanzigernote; zwanzigmal
zwar
der **Zweck,** die Zwecke; zwecklos
zwei, zu zweien; zweifach
der **Zweifel,** viele Zweifel; zweifelhaft; zweifellos; zweifeln
der **Zweifränkler**
der **Zweig,** die Zweige
zweimal
zweistimmig
zu **zweit;** zweite; zweitens
der **Zwerg,** die Zwerge
die **Zwetschge,** die Zwetschgen
zwicken; die Zwickmühle
der **Zwieback,** die Zwiebäcke (oder Zwiebacke)
die **Zwiebel,** die Zwiebeln
der **Zwilling,** die Zwillinge
zwingen, ich **zwang,** gezwungen; der Zwinger
zwinkern
zwischen; zwischendurch
der **Zwischenfall**
der **Zwischenraum**
zwitschern
zwölf; zwölfmal; zwölftens
der **Zylinder,** viele Zylinder

Mini-Lexikon

für schwierige Wörter aus anderen Sprachen

So spricht man das Wort … / **… und so schreibt man es richtig**

A

So spricht man das Wort …	… und so schreibt man es richtig
das Alfabeet; alfabeetisch	das **Alphabet; alphabetisch**
das Asiil	das **Asyl**

B

So spricht man das Wort …	… und so schreibt man es richtig
bääsch	**beige**
balangsiiren	**balancieren**
die Bänd	die **Band**
das Bassäng	das **Bassin**
das Bejbi	das **Baby**
biimen	**beamen**
die Blamaasche	die **Blamage**
der Blöff	der **Bluff**
die Bluutschiins	die **Bluejeans**
der Bong (Gutschein)	der **Bon**
das Büffe	das **Buffet**
der Bungalo	der **Bungalow**

D

So spricht man das Wort …	… und so schreibt man es richtig
das Depo	das **Depot**
das Detäj	das **Detail**
der Diiler; die Diilerin	der **Dealer;** die **Dealerin**
das Dinamit	das **Dynamit**
der Dinamo	der **Dynamo**
das Disäjn	das **Design**
das Diskauntgeschäft	das **Discountgeschäft**
der Disk-Tschocki	der **Disc-Jockey**
der Domptör; die Domptöse	der **Dompteur;** die **Dompteuse**
das Düwe	das **Duvet**

So spricht man das Wort …		… und so schreibt man es richtig	

E

die	Ekäre	die	**Equerre**

F

	fäär; die Fäärness		**fair;** die **Fairness**
der	Fän	der	**Fan**
der	Flört	der	**Flirt**
	flörten		**flirten**
das	Fondü	das	**Fondue**
der	Fotöj	der	**Fauteuil**

G

der	Gängster	der	**Gangster**
die	Garaasche	die	**Garage**
das	Gimnasium	das	**Gymnasium**
die	Gimnastik	die	**Gymnastik**
die	Glasse	die	**Glace**
der	Gloon; die Gloonin	der	**Clown;** die **Clownin**
das	Gool; der Gooli	das	**Goal;** der **Goalie**
die	Grepfruut (oder Grepfrui)	die	**Grapefruit**
der	Grüjär (Käse)	der	**Gruyère**
der	Gwafför; die Gwafföse	der	**Coiffeur;** die **Coiffeuse**

So spricht man das Wort …	… und so schreibt man es richtig

H

das Hobi	das **Hobby**
die Hiazinte	die **Hyazinthe**
der Hidrant	der **Hydrant**
die Higiene; higienisch	die **Hygiene; hygienisch**
die Hipnose; hipnotisiiren	die **Hypnose; hypnotisieren**

I

iisi	**easy**
die Inläjnskejts	die **Inlineskates**
der Inscheniör; die Inscheniörin	der **Ingenieur;** die **Ingenieurin**
der Installatör; die Installatörin	der **Installateur;** die **Installateurin**
das Interwju; interwjuen	das **Interview; interviewen**

K

der Kää	der (oder das) **Quai**
der Kauboi	der **Cowboy**
die Kautsch	die **Couch**
das Ketschap (oder Ketschöp)	das **Ketchup** (oder Ketschup)
der Klaun, die Klaunin	der **Clown,** die **Clownin**
der Kompjuter	der **Computer**
der Konduktör; die Konduktöse	der **Kondukteur;** die **Kondukteuse**
der Kontejner	der **Container**
der Köri	der **Curry**
der Kusäng; die K Kusine)	der **Cousin;** die **Cousine** (oder
kuul	**cool**
das Kuwär	das **Couvert**
das Kwis	das **Quiz**

So spricht man das Wort …	… und so schreibt man es richtig

L

das Labirint	das **Labyrinth**
laif; die Laifsendung	**live;** die **Livesendung**
das Lej-aut	das **Layout**

M

die Mäjonäse	die **Mayonnaise**
die Maneesche	die **Manege**
die Massaasche	die **Massage**
der Matsch	der **Match**
die Medalje	die **Medaille**
das Mejkap	das **Make-up**
die Menascherii	die **Menagerie**
das Mereng	die (oder das) **Meringue**
misteriös	**mysteriös**
der Montör; die Montörin	der **Monteur;** die **Monteurin**
die Muunbuuts	die **Moonboots**

N

das Nessessär	das **Necessaire**
das Niwo	das **Niveau**

So spricht man das Wort ...	... und so schreibt man es richtig

O

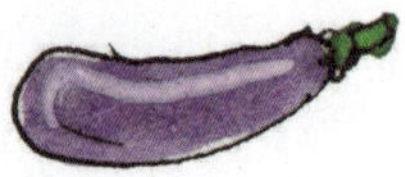

die	Oberschine	die	**Aubergine**
	okej		**okay** (o.k.)
	onläjn		**online**
	orangsch; die Orangsche		**orange;** die **Orange**

P

der	Pank (oder Pönk)	der	**Punk**
das	Partäär	das	**Parterre**
das	Pasl (oder Pösl)	das	**Puzzle**
der	Passaschiir; die Passaschiirin	der	**Passagier;** die **Passagierin**
die	Pauer	die	**Power**
der	Pavijon	der	**Pavillon**
der	Pazient; die Pazientin	der	**Patient;** die **Patientin**
die	Piramide	die	**Pyramide**
das	Pischama (oder Pitschaama)	das	**Pyjama**
die	Plantaasche	die	**Plantage**
der	Pnöö	der	**Pneu**
die	Pomfrit	die	**Pommes frites**
die	Pomtschips	die	**Pommes Chips**
der	Portiee	der	**Portier**
das	Portmonee	das	**Portmonee**
das	Porträ	das	**Porträt**
der	Profeet; die Profeetin	der	**Prophet;** die **Prophetin**
	profezeien		**prophezeien**
das	Pule	das	**Poulet**

So spricht man das Wort ...		... und so schreibt man es richtig	

R

	rangschiiren		**rangieren**
die	Räntsch	die	**Ranch**
die	Reportaasche	die	**Reportage**
der	Reschissör; die Reschissörin	der	**Regisseur;** die **Regisseurin**
das	Reserwuar	das	**Reservoir**
das	Restorang	das	**Restaurant**
	retur		**retour**
das	Risäjkling	das	**Recycling**
die	Rollerblejds	die	**Rollerblades**
die	Rütmik		**Rhythmik**
der	Rütmus	der	**Rhythmus**

S

die	Sabotaasche	die	**Sabotage**
die	Säjensfikschen	die	**Science-Fiction**
das	Sändwitsch	das	**Sandwich**
die	Säsong	die	**Saison**
die	Schale	das	**Chalet**
der	Schampinjong	der	**Champignon**
das	Schampoo	das	**Shampoo**
die	Schangse	die	**Chance**
	scharmant		**charmant**
der	Scheff; die Scheffin	der	**Chef;** die **Chefin**
der	Schegg	der	**Check** (oder Scheck)
sich	scheniiren	sich	**genieren**
das	Schenii	das	**Genie**
der	Scheriff	der	**Sheriff**
der	Schiggoree	der	**Chicorée**
der	Schlee	der	(oder das) **Gelee**
das	Schminee	das	**Cheminée**
der	Schofför; die Schofföse	der	**Chauffeur;** die **Chauffeuse**

So spricht man das Wort …		… und so schreibt man es richtig	
der	Schonglör	der	**Jongleur**
das	Schoppingsenter	das	**Shoppingcenter**
die	Schorz	die	**Shorts**
die	Schou	die	**Show**
die	Schpagetti	die	**Spaghetti**
die	Schpionaasche	die	**Spionage**
der	Schüpp	der	**Jupe**
der	Schurnalist; die Schurnalistin	der	**Journalist;** die **Journalistin**
der	Sejf	der	**Safe**
der	Sent	der	**Cent** (Euro-Cent)
der	Serwela	der	**Cervelat** (oder Servela)
der	Serwiss	der	**Service**
das	Simbol	das	**Symbol**
die	Simpatii; simpaatisch	die	**Sympathie; sympathisch**
das	Sisteem	das	**System**
die	Sitti	die	**City**
das	Skejtbord	das	**Skateboard**
die	Slam (oder Slöm)	der	**Slum**
das	Snoubord	das	**Snowboard**
das	Sörfbrett; sörfen	das	**Surfbrett; surfen**
die	Sosse	die	**Sauce** (oder Sosse)
der	Sprej; sprejen	der	**Spray; sprayen**
das	Steik	das	**Steak**
die	Stjuerd; die Stjuerdess	der	**Steward;** die **Stewardess**
die	Strofe	die	**Strophe**
das	Suwenir	das	**Souvenir**
der	Swimingpuul	der	**Swimmingpool**

So spricht man das Wort …		… und so schreibt man es richtig	

T

das	Tii-Schört	das	**T-Shirt**
das	Tiim	das	**Team**
der	Tiinejtscher	der	**Teenager**
der	Toost; toosten	der	**Toast; toasten**
die	Träner; träniiren;	der	**Trainer; trainieren;**
das	Träning	das	**Training**
das	Trotuar	das	**Trottoir**
der	Tschämpien	der	**Champion**
der	Tschäs	der	**Jazz**
	tschätten		**chatten**
	tschecken		**checken**
der	Tschet	der	**Jet**
die	Tschiins	die	**Jeans**
der	Tschiip	der	**Jeep**
der	Tschob	der	**Job**
	tschoggen		**joggen**
der	Tschumbotschet	der	**Jumbojet**
die	Tualette	die	**Toilette**
der	Tüp; tüpisch	der	**Typ; typisch**
der	Türann; türannisch; türannisiiren	der	**Tyrann; tyrannisch; tyrannisieren**
die	Tuur	die	**Tour**
der	Turist; die Turistin	der	**Tourist;** die **Touristin**

U

	unfäär		**unfair**
	üni		**uni**
	unscheniirt		**ungeniert**
	unsimpaatisch		**unsympathisch**

So spricht man das Wort …	… und so schreibt man es richtig

W

das	Wiikend	das	**Weekend**
	wisawi		**vis-à-vis**
der	Wita-Parkuur	der	**Vita-Parcours**
der	Wookmän	der	**Walkman**

Z

der	Zilinder	der	**Zylinder**
die	Zoggoli	die	**Zoccoli**
die	Zugetti	die	**Zucchetti**

Wortschatztafeln

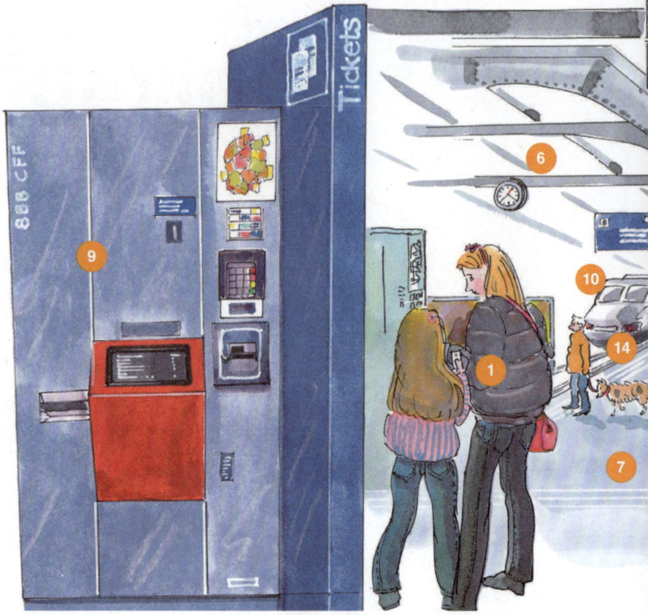

Nomen

1 das **Abonnement**
2 der **Abschied**
3 das **Abteil**
4 die **Anzeigetafel**
5 der **Bahnhof**
6 die **Bahnhofsuhr**
7 der **Bahnsteig**
8 das **Billett**
9 der **Billettautomat**
der **Billettschalter**
10 die **Eisenbahn**
11 der **Elektrowagen**
8 die **Fahrkarte**
12 der **Fahrplan**
13 die **Gepäckablage**
14 das **Gleis** (oder **Geleise**)

8

15 der **Kiosk**
16 der **Koffer**
der **Kondukteur**,
die **Kondukteuse**
17 der **Lautsprecher**
18 die **Lokomotive**
der **Lokomotivführer**,
die **Lokomotivführerin**
7 das **Perron**
19 das **Reisegepäck**
20 der **Reisende**, die **Reisende**
14 die **Schiene**
21 das **Schliessfach**
22 die **Snackbar**
der **Speisewagen**
23 der **Wartsaal**
24 der **Zug**

Verben

abfahren
abholen
abreisen
ankommen
einsteigen
halten
quietschen
reservieren
verreisen
sich verspäten
warten

Adjektive

fröhlich
lang
reserviert
riesig
stark
traurig
verspätet

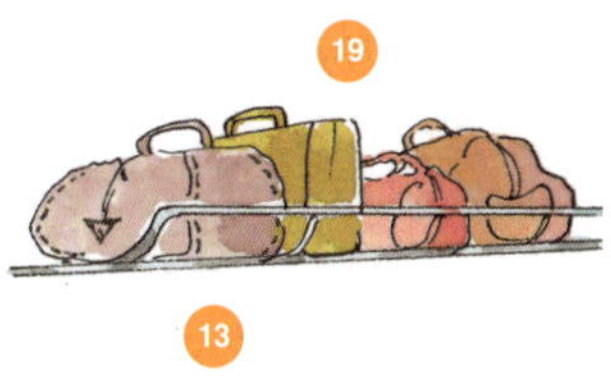

Nomen

1 der **Acker**
2 die **Ähre**
3 der **Bauer** oder **Landwirt**
4 die **Bäuerin** oder **Landwirtin**
5 das **Bauernhaus**
6 der **Bauernhof**
7 der **Dünger**
8 das **Feld**
9 der **Gemüsegarten**
10 das **Getreide**
11 der **Hahn**
12 die **Henne**
13 das **Heu**
12 das **Huhn**
14 der **Hühnerhof**
15 der **Hund**

16 die **Katze**
17 das **Korn**
18 die **Kuh**
19 der **Ladewagen**
20 der **Mähdrescher**
die **Melkmaschine**
der **Misthaufen**
21 das **Pferd**
der **Pflug**
22 das **Rind**
23 das **Schaf**
24 die **Scheune**
25 das **Schwein**
26 der (oder das) **Silo**
24 der **Stall**
13 das **Stroh**
27 der **Traktor**
28 das **Vieh**

29 die **Weide**
30 der **Zaun**

Verben

bellen
blöken
blühen
ernten
füttern
gackern
grunzen
krähen
mähen
melken
pflügen
säen

17

7

Adjektive

aufgeregt
fleissig
fruchtbar
goldgelb
reif
zufrieden

Nomen

1 der oder die **Angestellte**
2 der **Arbeiter,** die **Arbeiterin**
3 der oder die **Arbeitslose**
4 der **Arbeitsvertrag**
der **Beruf**
5 das **Büro**
6 der **Chef,** die **Chefin**
7 der **Computer**
8 das **Diplom**
9 die **Fabrik**
der (oder das) **Fax**
10 das **Fliessband**
11 das **Gehalt**
12 der **Handwerker,** die **Handwerkerin**
13 der **Kollege,** die **Kollegin**

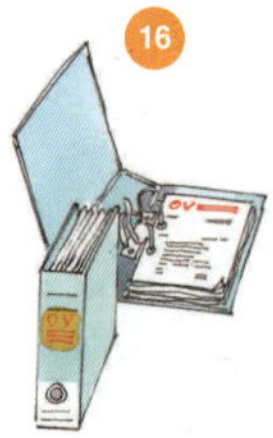

die **Kündigung**
14 der **Lehrling,** die **Lehrtochter**
15 der **Lehrmeister,** die **Lehrmeisterin**
11 der **Lohn**
die **Maschine**
13 der **Mitarbeiter,** die **Mitarbeiterin**
16 der **Ordner**
der **Roboter**
der **Schalter**
die **Schreibmaschine**
der **Streik**
das **Telefon**
der oder die **Vorgesetzte**

Verben

anstellen
arbeiten
bearbeiten
sich **bewerben**
entlassen
entlöhnen
herstellen
kündigen
produzieren
streiken
tippen
verarbeiten
verdienen

Adjektive

angestellt
arbeitslos
faul
freundlich
genau
interessant
streng
tüchtig

Nomen

1 die **Abteilung**
2 die **Ankleidekabine**
3 die **Bijouterie** (Schmuckabteilung)
4 die **Bücherabteilung**
5 der **Dekorateur,** die **Dekorateurin**
6 die **Dekoration**
7 der **Einkaufswagen**
8 die **Etage,** das **Stockwerk**
der **Hauslieferdienst**
die **Information**
9 die **Kasse**
der **Kassenbon**
10 der **Kassier,** die **Kassierin**
die **Kreditkarte**
11 der **Kunde,** die **Kundin**
der **Kundendienst**
die **Lebensmittel**
12 die **Lederwaren**
13 die **Lichtreklame**
14 der **Lift**
die **Möbel**
15 die **Modepuppe**
die **Musikabteilung**
die **Papeterie**
16 das **Preisschild**
17 die **Parfümerie**
18 die **Reklame**
das **Restaurant**
19 die **Rolltreppe**
das **Schaufenster**
20 das **Sonderangebot**

21 die **Spielwaren**
22 die **Sportartikel**
die **Unterhaltungselektronik**
23 der **Verkäufer,** die **Verkäuferin**
die **Werbung**

Verben

anprobieren
ausstellen
auswählen
beraten
bezahlen
dekorieren
einkaufen
kaufen
verkaufen

Adjektive

attraktiv
billig
interessant
preiswert
teuer
vielfältig
zuvorkommend

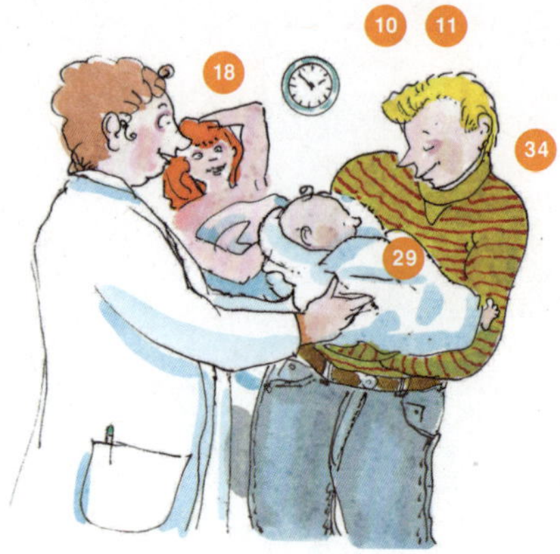

Nomen

1 die **Beerdigung**
2 die **Braut**
3 der **Bräutigam**
4 der **Bruder**
5 der **Cousin**
6 die **Cousine**
7 die **Eltern**
8 der **Enkel**
9 die **Enkelin**
10 die **Familie**
11 die **Geburt**
12 die **Geschwister**
13 die **Grosseltern**
14 die **Grossmutter**
15 der **Grossvater**
16 die **Heirat**
16 die **Hochzeit**
17 das **Kind**
18 die **Mutter**
5 der **Neffe**
6 die **Nichte**
19 der **Onkel**
20 der **Pate** (Götti)
21 die **Patin** (Gotte)
22 der **Schwager**
23 die **Schwägerin**
24 die **Schwester**
25 die **Schwiegermutter**
26 der **Schwiegersohn**
27 die **Schwiegertochter**
28 der **Schwiegervater**
29 der **Sohn**
30 der **Stammbaum**
31 die **Tante**

32 die **Taufe**
33 die **Tochter**
34 der **Vater**
die **Verlobung**
35 die **Verwandten**
36 die **Zwillinge**

Verben

adoptieren
beerdigen
gebären
heiraten
sich scheiden
taufen
wachsen

Adjektive

alt
geboren
geschieden
gestorben
jung
ledig
verheiratet
verlobt
verwandt
verwitwet

Nomen

1 der **Ansager**, die **Ansagerin**
2 die **Antenne**
3 der **Artikel**
4 der **Bildschirm** oder **Monitor**
5 die **CD** (Compact Disk)
6 der **CD-Player**
7 der **Computer**
8 die **DVD**
der **DVD-Player**
die (oder das) **E-Mail**
9 die **Fernbedienung**
10 der **Fernseher**
die (oder das) **Foto**
11 das **Handy**
das **Internet**

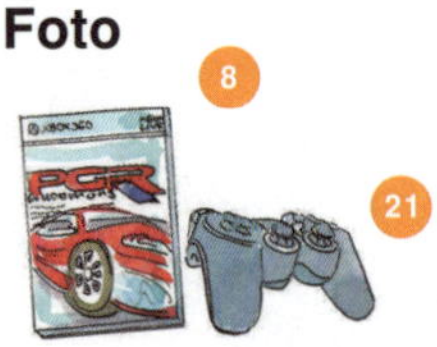

12 der **Journalist**, die **Journalistin**

13 die **Kamera**
die **Kassette**
der **Kassettenrekorder**
14 der **Kopfhörer**
15 der **Lautsprecher**
16 das **Mikrofon**
der **Moderator**, die **Moderatorin**
17 der **MP3-Player**
18 der **Podcast**
das **Programm**
19 das **Radio**
die **Redaktion**
der **Regisseur**, die **Regisseurin**
20 der **Reporter**, die **Reporterin**

der **Satellit**
die **Sendung**
die **Show**
die (oder das) **SMS**
der **Spielfilm**
21 die **Spielkonsole**
die **Störung**
22 die **Tastatur**
das **Videogerät**
der **Videotext**
23 die **Zeitschrift**
24 die **Zeitung**

Verben

aufnehmen
aufzeichnen
ausschalten

auswählen
berichten
drucken
einschalten
empfangen
(sich) **informieren**
senden

Adjektive

aktuell
informativ
interessant
langweilig
live
spannend
technisch
vernetzt

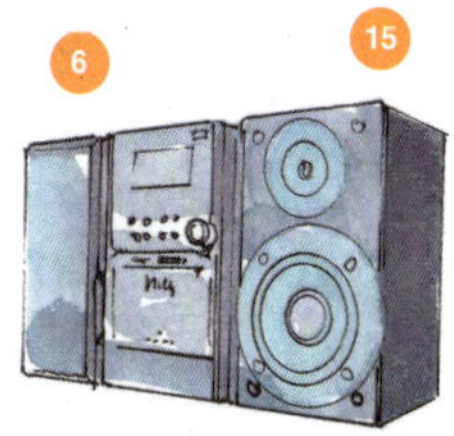

Nomen

1 der **Absender,** die **Absenderin**
2 die **Adresse**
3 der **Bildschirm** oder **Monitor**
4 der **Brief**
5 der **Briefkasten**
die **Briefmarke**
der **Briefträger,** die **Briefträgerin**
6 der **Briefumschlag**
6 das **Couvert**
die **Drucksache**
die **Eilsendung**
die **Einzahlung**
7 der **Einzahlungsschein**
8 der **Empfänger,** die **Empfängerin**
der (oder das) **Fax**

9 das **Kleingeld**
10 die **Luftpost**
11 das **Päckchen**
12 das **Paket**
die **Paketwaage**
das **Porto**
13 das **Postamt**
14 der **Postbeamte,** die **Postbeamtin**
das **Postfach**
die **Postkarte**
15 die **Postleitzahl**
der **Postomat**
der **Postsack**
die **Posttaxe**

16 der **Schalter**
17 der **Stempel**
18 die **Tastatur**
19 das **Telefon**
20 der **Telefonapparat**
21 das **Telefonbuch**

stempeln
telefonieren
wägen
wählen
wiegen

Verben

adressieren
anrufen
einschreiben
einzahlen
faxen
kleben
leeren
schicken
senden
sortieren

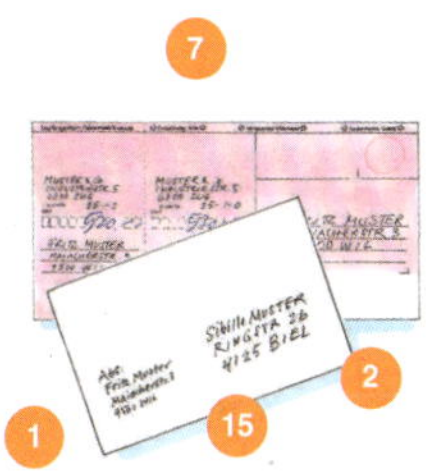

Adjektive

flink
freundlich
gelb
leicht
schwer
zuverlässig

Nomen

das **Abgas**
1 die **Abzweigung**
2 die **Ampel**
3 das **Auto**
4 der **Autobus**
der **Autofahrer,** die **Auto-fahrerin**
der **Billettautomat**
5 der **Bus**
6 der **Car**
der **Chauffeur,** die **Chauffeuse**
7 der **Fahrgast**
8 das **Fahrrad**
9 der **Fussgänger,** die **Fuss-gängerin**
10 der **Fussgängerstreifen**
die **Gasse**
11 das **Gleis**
12 die **Haltestelle**
13 die **Kreuzung**
14 die **Kurve**
15 der **Lastwagen**
2 das **Lichtsignal**
der **Mittelstreifen**
16 das **Motorrad**
17 die **Panne**
der **Parkplatz**
18 der **Polizist,** die **Polizistin**
11 die **Schiene**
die **Sicherheitslinie**
19 die **Strasse**
20 die **Strassenlaterne**
21 das **Taxi**

22 das **Tram,** die **Strassenbahn**
23 der **Trolleybus**
24 das **Trottoir**
8 das **Velo**
25 der **Verkehr**
26 das **Verkehrsschild**
die **Vorfahrt**

Verben

abbiegen
abschleppen
blinken
bremsen
fahren
hupen
klingeln
lenken

leuchten
parkieren
quietschen
rasen
stoppen
Velo fahren

Adjektive

gefährlich
langsam
lärmig
schnell
tollkühn
unüberlegt
vorsichtig

Nomen

1 der **Ahorn**
2 der **Ameisenhaufen**
3 der **Ast**
4 die **Axt**
5 der **Baum**
6 der **Borkenkäfer**

6

7 die **Buche**
8 der **Busch**
9 der **Dachs**
10 das **Dickicht**
11 die **Eiche**
12 die **Eichel**
13 das **Eichhörnchen**
14 die **Eule**
15 der **Farn**
16 die **Föhre**

14

17 der **Förster**, die **Försterin**
18 der **Fuchs**
10 das **Gebüsch**
19 der **Hase**
20 der **Hirsch**
21 der **Holzfäller**
22 der **Holzstoss** oder **-stapel**
der **Jäger**, die **Jägerin**
23 der **Käfer**
24 die **Krone**
der **Kuckuck**
das **Laub**
25 der **Laubbaum**
die **Lichtung**
das **Moos**
26 die **Motorsäge**

26

27 der **Nadelbaum**
28 der **Pilz**

29 das **Reh**
das **Revier**
30 die **Rinde**
die **Rottanne**
31 der **Stamm**
die **Tannennadeln**
32 der **Tannzapfen**
der **Waldrand**
der **Waldweg**
das **Wild**
der **Wipfel**
die **Wurzel**
der **Wurzelstock**
3 der **Zweig**

32

Verben

23

abholzen
anpirschen
äsen
aufforsten
hoppeln
hüpfen
huschen
jagen
rascheln
sägen

12

Adjektive

dicht
grün
kühl
moosig
morsch
schattig
weich

28

Nomen

der **Abfluss**
die **Alge**
1 der **Bach**
2 das **Blässhuhn**
3 das **Boot**
4 die **Ente**
5 der **Fisch**
6 die **Forelle**
7 der **Frosch**
8 das **Gewässer**
9 der **Hecht**
10 das **Insekt**
11 die **Kaulquappe**
der **Krebs**
der **Laich**
12 die **Libelle**

das **Moor**
die **Pfütze**
die **Quelle**
13 der **Reiher**
das **Ried**
14 die **Ringelnatter**
das **Rinnsal**
der **Sand**
15 das **Schilf**
16 der **Schwan**
der **See**
17 die **Seerose**
der **Sumpf**
18 der **Teich**
19 die **Trauerweide**
der **Tümpel**
20 das **Ufer**
die **Überschwemmung**

21 der **Wasserfall**
die **Wasserpflanze**
der **Weiher**
die **Welle**
der **Zufluss**

16

Verben

9

angeln
baden
fischen
fliessen
hüpfen
laichen
plätschern
quaken
rauschen
rinnen

5

6

rudern
schwimmen
segeln
strömen
tauchen
waten
watscheln

11

Adjektive

feucht
glitzernd
nass
sauber
seicht
tief
verschmutzt

3